Croire ça ne sert à rien
Et pourtant ça change tout !

Père Matthieu Jasseron
avec Capucine Delattre

Croire ça ne sert à rien
Et pourtant ça change tout !

Flammarion

ISBN : 978-2-0802-8477-8

Chapitre 1

Pour quoi ?

Il est 23 heures… Minuit déjà. Le sommeil ne vient pas. La chambre bourdonne de silence, les yeux fixent l'obscurité sans s'accrocher à rien, la bouche s'assèche. Les draps sont en désordre, les idées aussi. Pour seule bande-son, une question en spirale dans la tête :

« Qu'est-ce que je fais là ? »

Il s'agit, sans aucun doute, de l'une des expériences humaines les plus universelles. Il faut dire que rien ni personne ne nous a ouverts à cette interrogation-là par le passé. On ne nous y a préparés ni à l'école, ni en famille, ni à l'université. Les livres n'y répondent que trop rarement de façon directe, pas plus que la télé ou le cinéma. On ne saurait même pas vers qui se tourner pour en parler. Et pourtant, nous passons tous par ce questionnement, à un moment ou à un autre de nos vies, que l'on ait 17 ou 71 ans. On est quoi, au fond ? Qu'attend-on, là, allongé ? À quoi servira le matin qui s'annonce ? Pourquoi est-on sur Terre ? Que restera-t-il de ce qu'on y fait ? Et d'ailleurs, qu'est-ce qu'on y fait exactement ?

Tout ça tourbillonne, n'aboutit pas à grand-chose de plus qu'un début de migraine. Une heure passe, une autre. On se tourne et se retourne, le sommeil rendu comme inaccessible par un barrage d'angoisse, derrière lequel se presse une question, toujours la même. Non pas celle de l'utilité, mais plutôt celle du sens.

C'est quoi, le sens de tout ça, le sens de la vie ?

Qu'est-ce qui donne du sens aux choses ? La famille, les passions, les vacances à venir, les amis offrent des joies immenses, bien sûr, mais au fond, tout ça pour quoi ? Fonder une famille en vaut-il la peine, quand on connaît la fréquence des divorces, des séparations, des infidélités, des brouilles ? Travailler pour consommer, s'éreinter pour ensuite s'évader, à quoi bon ? Nouer des amitiés sans certitude de lendemain, dans quel but ? L'insomnie se confirme. Le plafond pèse de tout son poids sur ces interrogations, et l'on aurait presque l'impression de voir s'y inscrire cette abyssale question :

« Ma vie a-t-elle un sens ? »

Bien souvent, ces grands questionnements passent aussi vite qu'ils nous ont assaillis. Aigus mais ponctuels, ils se contentent de nous gâcher une nuit, peut-être deux, et puis le quotidien reprend son cours, et on retrouve ses habitudes, sa sérénité, l'abnégation docilement consentie qui nous fait continuer sans trop nous interroger. Mais ils peuvent aussi s'installer de façon beaucoup plus durable, à la suite d'une perte, d'un grand malheur, d'un bouleversement dans nos existences. Lorsque cela survient, tous les repères s'effondrent. On se croyait établi, du moins bien lancé dans sa vie, et tout d'un coup, un événement brutal nous rappelle qu'on n'a jamais vraiment le contrôle sur le cours des choses, et qu'à la fin des fins, on semble rester le jouet du hasard.

Parfois :

Ça nous tombe dessus un après-midi d'hiver, dans un café tranquille, presque vide. Sur la chaise d'en face s'est installée celle avec qui on file le parfait amour depuis dix ans. Elle fuit notre regard, et phrase après phrase, on comprend. On s'accroche à la table pour s'assurer que c'est réel, mais on n'y croit pas. C'est fini. Elle arrête là. Cela ne dure guère plus de quelques instants. On n'a rien à ajouter. Elle se lève, paye le café comme si c'était la caution de cette histoire désormais révolue, s'en va, et on reste là, vide. On n'est même pas encore en colère. Seule demeure une question : et maintenant ? Quand on promet l'infini à quelqu'un, quand on lui offre les plus beaux souvenirs de sa vie, mais que cette personne les balaie et signifie par son départ que ça n'a plus la même valeur qu'avant à ses yeux, comment trouver la force et même l'envie de continuer ? Qu'est-ce qui nous garantit que la relation suivante ne s'achèvera pas par un même coup de couteau dans le dos ?

Parfois aussi…

On est assis dans un grand bureau gris, et on écoute ce supérieur censé prendre soin des « RH » énumérer tout un tas de chiffres inquiétants, de formules de politesse fades et convenues, et on comprend tout à coup qu'on est sur le point d'être licencié. Son sourire est faux. On se lève, et on quitte un travail qu'on ne retrouvera plus, alors que l'on vient de contracter un crédit, que l'on n'a jamais commis la moindre faute, et que l'on comptait sur une promotion imminente pour enfin s'offrir la vie que l'on croyait mériter et l'insouciante liberté qu'elle aurait dû nous procurer.

Parfois encore :

On se tient debout dans une église. On a posé une journée de congé en catastrophe. Les notes perçantes de l'orgue nous frappent comme de grands coups dans la tête, le col de notre chemise nous serre le cou. Une voix belle mais triste entonne l'*Ave Maria* de Schubert, et on fixe sans un mot le cercueil lisse et froid de cet ami, fauché par un cancer alors que tout lui souriait, et qui laisse deux fillettes derrière lui.

Et puis certaines fois…

Il n'y a ni événement déclencheur, ni traumatisme, ni même de point de départ particulier. Le déclic semble apparaître tout seul, de nulle part. Tout allait bien, mais en l'espace d'une seconde, d'une heure ou d'une semaine, on se sent changé, perturbé, privé de sérénité. Que ce soit une prise de conscience face à un documentaire accablant qui nous fait prendre la mesure de la gravité du drame environnemental déjà inexorablement enclenché, une crise existentielle alors que les enfants quittent le domicile familial, un mensonge découvert, ou la perte d'une importante somme d'argent, la question est la même : que va-t-il advenir de nous ? Que sommes-nous ? Parfois même, pas d'événement déclencheur. La question du sens surgit de façon presque inexplicable, alors que tout va bien, qu'on vit confortablement, que rien de particulier ne cloche. Et pourtant, d'un coup, c'est certain, c'est impossible à occulter. Quelque chose manque, nous titille, nous pose question.

Certes, *a priori* tout roule, mais dans quel but ? Dans quelle direction ?

Ces situations varient beaucoup, en termes de nature comme de degré, mais au fond, elles déclenchent la même détresse, la même incompréhension. À quoi ça sert, la vie, si ça peut virer de bord sans prévenir ? Comment se croire utile au monde quand on pense que tout est fini ? Peut-on redevenir heureux après l'injustice ? Et encore une fois :

Est-ce que tout ça a un sens ?

On se sent parfois illégitime à sans cesse tourner et retourner cette question, parce que, après tout, ce n'est pas l'urgence. Ce qui importe, comme le disent certains, c'est peut-être davantage le travail, lundi, les devoirs des enfants, le crédit à rembourser, les cadeaux de Noël à trouver rapidement, le rendez-vous chez le pédiatre demain. Ça, c'est réel. Le sens de la vie, n'est-ce pas un faux problème que s'inventent certains bourgeois quand ils s'ennuient, pour se distraire ? On pourrait se dire finalement que cette quête est un luxe, qu'on n'a pas vraiment besoin de la mener pour construire une vie bonne. Et certains, en effet, parviennent à occulter cette question, prennent les choses comme elles viennent, et ne semblent pas plus malheureux que les autres pour autant. Mais lorsqu'on est confronté vraiment, pour de bon, à l'idée de l'absurde, c'est bien souvent un point de non-retour. Impossible de faire comme avant, de se divertir durablement de cette question. Tant qu'on n'aura pas trouvé de réponse, tout ce que l'on accomplira semblera vain.

La première intuition, pour qui se pose cette question du sens, est bien souvent d'en parler à ses proches. Après tout, c'est envers eux qu'on a des obligations, c'est pour eux qu'on se lève chaque matin, qu'on gagne sa vie, qu'on prépare des repas, qu'on organise des surprises. Nul ne devrait mieux pouvoir nous aider. Et puis, on a envie de les impliquer dans cette recherche, tant l'urgence du questionnement nous paraît grave. Se demander ce qu'on fait sur Terre, ça ne signifie en rien que l'on estime que ses proches ne sont « pas assez ». Au contraire même, ils font précisément partie de cette interrogation, ils sont partie intégrante de cette vie à laquelle on veut donner du sens. Alors on fait appel à eux, on leur raconte ce sentiment de mystère, d'absurde, ce vertige. Et, compréhensifs, bienveillants, ils comparent notre vécu au leur, le rapprochent de leurs propres « coups de blues ».

Les parents assurent :

« Après la pluie, le beau temps. »

Les amis répètent :

« Une de perdue, dix de retrouvées. »

Les anciens tentent de consoler :

« Il a eu une belle vie. »

Un grand-père sage et avisé raconte ce que ses longues années d'existence lui ont appris. Un ami, grand baroudeur, partage les mille rencontres qu'il a faites aux quatre coins du monde, et l'épanouissement qu'il y a trouvé. Une collègue, lectrice passionnée, cite des philosophes, des héros, des écrivains, qui se sont heurtés eux aussi au même problème.

Ce sont des paroles belles, et importantes, mais hélas, insuffisantes. Bien souvent, quand bien même ces proches nous soutiennent, ils ne partagent pas notre urgence ni notre besoin de réponses absolues, et les pistes qu'ils nous proposent nous paraissent bien maigres et frustrantes. Notre entourage aimant semble faire ce qu'il peut pour nous soutenir, mais au fond, lui non plus n'a jamais suivi de « cours de sens de la vie ». Lui aussi a appris à être adulte par pure improvisation, par ajustement, et lui aussi, sans doute, a déjà connu ou connaîtra un jour une insomnie carabinée sur fond de crise existentielle. « Tout le monde passe par là, non ? » nous dit-on.

D'accord, mais quand on est dedans, où va-t-on ?

On cherche encore, on insiste, mais les proches n'ont plus grand-chose de nouveau à dire. On le sent, ce sont des questions lourdes, douloureuses parfois. Certains n'ont même aucune envie de les creuser. Alors on cesse d'insister. On essaye de les croire, de se dire que viendra bien un moment où l'on parviendra à « faire avec ». Simplement, là, aujourd'hui, on n'arrive pas vraiment à voir comment, comment on pourrait faire abstraction de ce malaise existentiel…

Comment passer outre, maintenant qu'on a l'impression d'avoir entrevu l'envers du décor, d'avoir mis le doigt dans la matrice et compris que rien de tout cela n'a de sens puisque tout peut s'arrêter du jour au lendemain sans préavis ? La vie semblait suivre un tracé précis, mais se révèle imprévisible et potentiellement décevante. C'est comme si on découvrait que tout ce temps, on avait joué à un jeu truqué. On ne peut plus continuer à agir comme avant. Il s'agit là d'un questionnement qui nous engage, qui nous rend trop lucides pour admettre de ne rien changer. Le jour où l'on met le doigt sur la question du sens, c'est comme une drogue, il devient impossible de s'en défaire. Et cela peut effrayer.

Mais en définitive, n'est-ce pas une chance ?

On ne peut certes plus faire semblant, on devient quelque part davantage responsable de son existence, de son bonheur, et on en devient aussi acteur. Par ces questions, on conquiert une sorte de pouvoir. Celui de se poser en pleine conscience, et avec une sincère volonté d'y répondre, la question :

« Au fond, qu'est-ce qu'on fait sur Terre ? »

Au fil des semaines, quelques pistes commencent à voir le jour. Peut-être naissons-nous pour donner naissance nous-mêmes, perpétuer notre lignée, notre héritage. Mais cette explication purement biologique et culturelle n'est guère satisfaisante. Nous sommes plus que des machines à reproduction ! Peut-être alors nos vies ne sont-elles que le fruit d'extraordinaires hasards géologiques et génétiques, de révolutions tectoniques et cognitives. Mais cela nous mène au même problème : à quoi bon, si tout ça n'est qu'aléatoire ? Alors quoi ? Est-on là pour laisser une trace ? Si oui, laquelle ? Et puis, à quoi bon si la mort et les drames sont inéluctables ? Pour marquer l'histoire ? Mais c'est un peu vain et orgueilleux, non ? Reste l'idée du plaisir, peut-être serions-nous en vie pour prendre soin de sa famille, de ses amis, de ses enfants, pour profiter de la vie. Sûrement. Mais enfin, aujourd'hui en 2022, ça ne suffit pas, on ne peut plus se contenter d'un simple *enjoy*. Alors que les crises écologiques, sanitaires, économiques et politiques se multiplient, on a conscience, plus que jamais, qu'on ne peut plus s'en tenir à un rôle de témoin en retrait. On en sait trop pour rester autocentré, simple consommateur d'un système qui nous est imposé, et de ses plaisirs aussi exacerbés qu'impersonnels. Profiter, bien sûr, c'est plaisant, mais ce n'est pas ça qui va nous suffire à trouver le sens de notre existence. Alors, que reste-t-il ?

Sur quoi va-t-on pouvoir compter pour trouver un cap ?

Au fond, l'urgence n'est-elle pas tant de trouver une réponse définitive à la question du sens que d'apprendre à vivre avec elle ? Et pour cela, l'essentiel n'est-il pas de sortir de la passivité ? Il serait insupportable de ne rien faire, de rester là, immobile, à contempler l'absurdité de l'existence dans le blanc des yeux. Face à l'urgence, il faut s'activer, s'évader, faire quelque chose. On planifie un voyage, on va au cinéma, mais ces distractions-là ne suffisent pas. On consulte un psychologue, on se sent mieux, mais on reste démuni dans ses questionnements, qui deviennent bien souvent chroniques, peuvent s'ancrer dans la durée, et semblent parfois mal compris par un entourage, qui les perçoit comme non essentiels, et nous enjoint à nous concentrer toujours plus sur les petites victoires de chaque jour. Peuvent alors surgir de nombreuses tentations de refuges, de remèdes, qui nous font entrevoir, à défaut de la vérité, une lueur de potentiel, un début de sens, de direction. On s'en remet donc aux échappatoires que nous offre le système d'aujourd'hui : gourous d'Internet, ivresses d'une nuit, dépenses impulsives, frissons du risque et autres plaisirs aussi immédiats que fugaces... Autant de mirages de solutions où l'on a vite fait de se perdre et qui n'apportent, en réalité, jamais de réponses durables.

Mais quelles autres options a-t-on ?

La première chose à admettre, peut-être, c'est que la question du sens est normale et légitime, quel que soit le stade de la vie auquel on se trouve. Certains se la poseront souvent, d'autres à peine, d'autres en seront accablés au point de ne plus parvenir à se lever le matin, d'autres encore s'en sentiront tout juste traversés de temps en temps. Être plus ou moins affecté par ces doutes et ces inquiétudes n'est pas un signe de faiblesse. Le problème n'est d'ailleurs pas tant notre incapacité de « passer outre » que l'absence de solutions évidentes. C'est elle qui nous pousse à poser un regard pessimiste sur les choses, à tout lire au prisme de l'absurdité de la vie, de la fatalité et de l'ennui. Faute d'une réponse facile et évidente à la question du sens, on y pense tout le temps, on a un sentiment d'urgence. On se sent submergé, comme le passager d'un bateau en plein naufrage, à la dérive, cerclé par un monde qui va mal, menacé par la maladie, la corruption, la crise écologique, les crises en général. Autant de plaies contre lesquelles on ne peut rien et qui paraissent insurmontables. Certains semblent faire totalement abstraction du naufrage à venir, et continuent de vivre comme à l'ordinaire, à regarder la mer ; soit parce qu'ils ne sont pas vraiment au courant du naufrage, soit parce qu'ils ont choisi de l'ignorer, soit parce qu'ils ont décidé de faire avec. Et nous, en revanche, nous sommes là, comme en état d'alerte. Ce bateau qui coule, cette vie dont on sait qu'elle s'achèvera un jour, c'est un peu une fin du monde annoncée. S'agit-il alors de tenter à tout prix de sauver le bateau, de s'épuiser à écoper et à trouver une solution à laquelle personne n'aurait songé en des siècles et des siècles d'histoire humaine ? Ou bien de profiter du temps de croisière qu'il nous reste, de faire comme si de rien n'était ? Pourquoi ne pas exploiter au maximum toutes les possibilités d'activités qu'offre encore le bateau, puisqu'on y est ? Et au fond, après tout, coule-t-il si vite que ça, ce bateau ? Il est entendu qu'il finira par sombrer, mais ne dispose-t-on pas d'un peu de temps d'ici là ?

Que faire alors sur ce bateau, puisque pour le moment, il vogue encore ?

Le réflexe premier, face à l'angoisse que suscitent ces questions, est souvent de vouloir profiter du temps restant. Le bateau coule, très bien, soit : d'ici là, autant aller sur le pont manger, danser, jouer, kiffer… En somme, il ne reste que ça. Mais aussi belle la fête soit-elle, on a bien conscience qu'il ne s'agit que d'une fuite. Avec un peu de recul et de détachement, peut alors nous venir l'instinct de porter secours aux plus fragiles, de nous rendre héroïques, de soulager la vie des autres dans le secret espoir de trouver un peu plus de sens à la nôtre. Certes, l'existence humaine est un peu plus complexe qu'une traversée en bateau, mais au fond, n'est-ce pas la même dynamique ? Face à la crise, face à la tentation du désespoir, semblent s'offrir à nous, en gros, deux pistes :

Trouver de la beauté là où on est, ou aller chercher du sens ailleurs.

La vie est sûrement ce qu'il y a de plus précieux au monde. La clé de l'apaisement réside donc peut-être seulement dans le fait d'apprendre à vivre chaque expérience comme pleine de merveilles, et ce, dès aujourd'hui. Après tout, la joie est là, disponible, et non pas seulement celle, rapide, futile et périssable, que nous procurent certains plaisirs fugaces et délétères. Une joie bien plus durable existe, plus exigeante certes, mais infiniment plus enrichissante. Comment alors la toucher, comment flirter avec cette sérénité que seuls certains sages semblent avoir trouvée ? À l'heure de la société de services, de consommation et d'un certain individualisme, de nombreuses options s'offrent à celui qui part en quête de sa joie intérieure. Chacun est libre de les explorer à sa guise, et beaucoup semblent trouver un certain équilibre en piochant çà et là les soulagements qui leur paraissent les bons. La philosophie apporte par essence des réponses, mais ne sont-elles pas souvent abstraites et bien peu accessibles pour la plupart d'entre nous ? Le développement personnel peut lui aussi être d'une réelle utilité, mais n'est-il pas parfois difficile de savoir à qui se fier, et si toutes les propositions se valent ? Le catalogue de pratiques, de propositions diverses et variées que d'aucuns qualifient de « new age » (yoga, méditation, tarot, astrologie, reiki, etc.) peut offrir des formes de spiritualités dans lesquelles certains trouvent apaisement et divertissement. Néanmoins, ces propositions ne sont-elles pas surtout commerciales et trop souvent vaines, face à l'immensité du vide que la question du sens a créé ? Le sport, les passions, l'art, la création peuvent apparaître aussi comme de vraies voies dans la quête de l'épanouissement et de la joie. Mais au fond :

Que faire si tout cela ne nous satisfait pas ?

Peut-être reste-t-il une dernière piste, un autre champ théorique, moins connu, plus ésotérique pour ceux qui n'en font pas partie : le monde du « croire ». Souvent, on n'y a été que très peu confronté dans sa vie quand on n'est pas croyant soi-même. On n'est même en général pas très à l'aise avec ces sujets-là, ce qui est on ne peut plus normal étant donné le contexte politique et historique français. On peut fréquenter des collègues, des amis pendant des années sans jamais aborder le sujet, sans avoir la moindre idée de leur degré de confiance, de croyance, voire de pratique religieuse. Cela s'explique facilement. Dans un pays aussi marqué par la laïcité que le nôtre, ne pas entendre parler de religion, quand on n'est pas activement en recherche, est assez commun. Ce n'est parfois qu'à la faveur de questions existentielles qu'on finit par découvrir le monde de la foi… Un peu par hasard ou par dépit, après une lecture, un reportage, un témoignage, ou au détour d'une conversation, lorsqu'un ami nous assure avoir trouvé sa réponse dans telle croyance. Seulement, on oppose souvent la même réaction à ces propositions : tant mieux si tout cela l'apaise, seulement, nous, ça ne nous dit rien. Ça ne nous ressemble pas. Ce n'est pas notre univers. Et puis tout simplement : on n'y croit pas !

Mais, au fond, pourquoi n'y croit-on pas ?

Ce n'est pas forcément une question de principe : ça a l'air très bien, de croire en Dieu, au paradis... C'est même plutôt séduisant, cette idée qu'on aurait une forme de créateur. Imaginer que tout ça, tout ce qui nous entoure, est délibéré, que tout ça est voué à quelque chose, que ça ne vient pas tout à fait d'un énorme accident. On est tout à fait prêt à admettre que la question du sens doit être plus facile à gérer, quand on a la foi. Mais est-ce vraiment pour nous ? Quand bien même on voudrait croire, on n'y arriverait pas. C'est trop gros, trop vieux, trop figé, trop irrationnel. La foi, on se souvient de ce qu'on nous en a dit quand nous étions petits, au catéchisme ou en primaire, des histoires de serpents et de paradis, un discours pour jeunes enfants qui n'a aucune résonance avec nos épreuves actuelles. Quelles réponses tangibles pourraient bien apporter de telles croyances, alors que ce qu'elles affirment paraît si peu tenable ? Non seulement les croyants soutiennent régulièrement des choses bien différentes d'un individu à l'autre, mais la science elle-même entre souvent en contradiction avec les dogmes religieux.

Alors, quelle crédibilité peut-on bien accorder à ces histoires ?

Chapitre 2

Des contes pour enfants ?

Les croyants sont des gens intrigants. Quelle que soit leur confession, on retrouve souvent chez eux une forme de sérénité, de confiance, comme une sorte d'aptitude à prendre du recul sur les choses, à appréhender la vie depuis un plan légèrement différent. Non pas qu'ils soient supérieurs aux autres : simplement, quand on les interroge à propos de l'existence, du bonheur, on les entend souvent évoquer l'amour, la confiance, l'espérance, plus peut-être que d'autres…

Forcément, ça suscite la curiosité.

Ils n'ont rien d'un monolithe : ce sont des gens de tous horizons, de toutes convictions politiques. Cela dit, on retrouve souvent chez eux certaines tendances, certaines inclinaisons particulières. Ainsi, certains d'entre eux donnent de leur argent et de leur temps à des causes qui leur sont chères, d'autres vont jusqu'à accueillir des migrants chez eux, ou encore participent à des maraudes. Ils ne sont bien entendus pas les seuls à le faire, mais il est indéniable que cet engagement est un trait évident partagé par nombre d'entre eux. On connaît ainsi pléthore d'organisations caritatives à l'héritage chrétien, comme le Secours catholique, Emmaüs, la Fondation Saint-Vincent-de-Paul, celle de l'abbé Pierre, le CCFD (Comité catholique contre la faim et pour le développement), etc. Chez les musulmans aussi on connaît le Secours islamique, et chez les juifs, le FSJU (Fonds social juif unifié) par exemple. Au-delà encore de cette empathie caractéristique, ce qui frappe chez eux, c'est leur discours, cette forme de tranquillité qu'ils dégagent. Leurs visions de l'existence sont régulièrement parmi les moins désespérées, et ne se limitent pas à un simple « y a qu'à, faut qu'on » ou encore « kiffe ta vie ». Et les réponses qu'ils offrent à la question du sens, bien que parfois un peu merveilleuses, sont en général pleines d'espoir. On n'y adhère pas toujours, on n'a même pas forcément envie de leur ressembler, mais bien souvent, une telle sérénité de leur part, cette confiance, cet engagement, reconnaissons-le :

Ça intrigue !

Alors certes, c'est bien joli, le caritatif, l'humanitaire, l'amour du prochain et le don de soi, mais enfin, reste un sacré bémol. Les gens qui ont la foi partagent de bien belles croyances quant à l'humanité de chacun, mais ils en ont aussi tout un tas d'autres avec lesquelles on n'est franchement pas alignés du tout. L'existence de Dieu pose déjà bien des questions. Mais c'est surtout ce que racontent leurs textes sacrés qui a de quoi laisser pantois. Comment tous ces gens peuvent-ils croire que le monde a été créé en six jours et qu'on descend tous d'un même couple ? Comment peuvent-ils se raconter qu'un bonhomme né en Galilée il y a deux mille ans a vraiment marché sur l'eau ? Ça paraît tout de même un peu gros…

Alors, y croient-ils vraiment ?

Cela pose d'autant plus question que ces gens sont, pour une écrasante majorité, tout à fait raisonnables et raisonnés, posés, compétents, que l'on compte parmi eux des individus de toutes catégories sociales, de tous niveaux d'éducation, des parents attentifs, des artisans passionnés, des enseignants avisés, des médecins compétents, qui ont l'air foncièrement rationnels dans leur quotidien ! Comment concilient-ils le cours de leur vie avec ces « contes pour enfants » ?

On a parfois tendance à penser que les croyants adhèrent en bloc à l'ensemble des dogmes de leur religion, et que lesdits dogmes n'ont jamais évolué et ont toujours été reçus tels quels au premier degré. Cependant, la réalité est sûrement plus contrastée… En ce qui concerne le cas des chrétiens en tout cas. S'il est tout à fait possible que, par le passé, une partie du peuple ait interprété littéralement certains enseignements de la Bible et de la religion sans trop se poser de questions, il ne s'agirait pas non plus de sous-estimer les croyants qui nous ont précédés. Nos ancêtres n'étaient pas de gentils benêts ! Contrairement à ce qu'on a parfois tendance à penser, le Moyen Âge n'était pas une époque d'obscurantisme régie par des superstitions où l'ensemble de la population prenait toujours la Bible au pied de la lettre.

La situation était en réalité assez nuancée.

Il est vrai que, par le passé, les croyants jouissaient de moins d'outils critiques, que l'Église était peut-être moins souple, et ne reconnaissait pas officiellement l'exégèse telle qu'on la pratique aujourd'hui, c'est-à-dire la possibilité d'interpréter les textes à partir d'autres sources, et par le prisme des sciences autres que théologiques. Néanmoins, bien plus familiers de la parole religieuse que nous ne le sommes, ils savaient percevoir et transmettre, au-delà des récits aux apparences fantastiques, la morale qu'ils pouvaient en extraire pour leur quotidien. Et l'on peut reconnaître dans cette habitude les prémices de notre interprétation moderne. L'exégèse d'aujourd'hui est en effet une discipline qui s'enrichit de l'étude de tous les éléments littéraires, historiques, archéologiques, psychologiques et philosophiques pour étudier le contenu des textes sacrés, les remettre en contexte, et en tirer des enseignements toujours plus pertinents, et parfois même des analyses nouvelles.

L'interprétation historico-critique moderne s'est énormément développée il y a 150 ans seulement, à la toute fin du XIXe siècle : c'était l'époque où émergeait la phénoménologie et où se répandaient les ouvrages de Freud. C'est un moment de l'histoire où l'on éprouve le besoin de comprendre le sens du monde, d'interroger ce que l'on croit ou non, là où, par le passé, l'exigence de rationalité et de certitude était parfois moins prononcée, ou attendue de façon différente. L'Église, bien qu'ayant eu en son sein de grands théologiens qui ont élaboré notre compréhension des textes par leur pratique avant-gardiste de l'interprétation, comme Origène, saint Jérôme ou saint Thomas d'Aquin, n'a en fait donné officiellement son aval à l'exégèse biblique moderne qu'avec le pape Pie XII, en 1946.

Cela fait-il donc moins d'un siècle seulement que les croyants ont conscience qu'il ne faut pas prendre tout ce que raconte la Bible au premier degré ?

Loin de là ! Le christianisme a en réalité toujours été, dans la digne succession de sa cousine juive, une religion de l'interprétation. Qu'importe l'époque, la tradition chrétienne, et surtout catholique, a toujours été d'expliquer, d'interroger les textes, de ne pas se contenter de les recevoir tels quels. Le Dieu chrétien est Verbe, Parole, et la foi ne peut se contenter de lectures intégristes, aveugles et serviles. La Bible est faite pour être racontée, comme l'a fait Jésus lui-même. Ainsi, il n'a jamais cessé de commenter la

Torah, d'inviter à l'interpréter, du début de sa vie publique jusqu'à sa Résurrection. Il ne s'agit donc pas de confondre les croyants en général, qui admettent que tout n'est peut-être pas à prendre au pied de la lettre, et les fondamentalistes. Pour exemple, la plupart des chrétiens ne reconnaissent pas l'histoire d'Adam et Ève comme un véritable épisode historique, mais la voient plutôt comme un récit d'ordre mythique. Ce texte porte simplement en lui les germes de ce qui a construit notre civilisation, de même que Rome et Babylone ont eu leurs propres mythes fondateurs. Et si le récit d'Adam et Ève donne du sens, des pistes, permet de comprendre comment s'est construite la tradition judéo-chrétienne, il ne s'agit certainement pas pour autant d'un mythe capable de tout expliquer ou encore de répondre à la question du « comment » – et ce n'est d'ailleurs pas ce que recherchent les croyants qui le lisent ! C'est un texte d'une richesse folle sur la condition homme / femme, sur la présence de Dieu, sur l'origine du mal. Il renseigne l'histoire de la religion et donne des réponses sur le « pourquoi » et même le « pour quoi » de l'existence humaine. Et donc, s'il est pertinent pour aborder la question « pour quoi est-on sur Terre », il risque d'être décevant pour qui se demande comment on en est arrivé là.

De même, le problème n'est peut-être pas de savoir si Jésus a vraiment marché sur l'eau – bien que la question de la véracité et de la technicité de cet épisode se pose. Au fond, que les faits relatés soient attestés ou non, la richesse symbolique de ce passage est déjà énorme. Ce que l'on retiendra par exemple de cet événement de sa vie, c'est ce que représente l'eau, ce dont elle est le symbole, à savoir ici la puissance du mal. Jésus qui marche sur l'eau, c'est au fond et avant tout Jésus qui domine le mal. Quand la Bible décrit cet épisode, l'enjeu pour les croyants n'est peut-être pas tant de savoir si la science peut expliquer ou non un tel phénomène, que de comprendre que la foi permet de défier la tentation, la peur, le désespoir. Ce que la Révélation enseigne, c'est que les disciples de Jésus ont avant tout reconnu en lui le pouvoir de surpasser les pires puissances du mal. Peut-être Jésus maîtrise-t-il aussi les lois de la physique, mais cette deuxième compréhension ne peut être exclusive.

Mais alors, si on ne peut considérer que la Bible cherche à répondre à la vérité scientifique, comment est-on censé l'appréhender ?

L'enjeu, c'est sûrement d'utiliser les bonnes lentilles d'analyse. Si l'on étudie la Bible au prisme exclusif de la science, de nombreux passages auront l'air d'inepties. En revanche, si on l'aborde en se posant la question de l'existence, du sens et du témoignage, les scènes décrites révéleront une signification et une pertinence toutes nouvelles. Tout est donc question de méthode appropriée. Prendre un thermomètre pour mesurer la longueur d'une table ne mène pas bien loin ! De même, si l'on ouvre la Genèse, le livre des « origines » du monde dans la Bible, pour y trouver une explication du big bang... (Cette théorie, d'ailleurs – fait particulièrement intéressant dans cette discussion –, a été formulée par le père Georges Lemaître, un prêtre belge du début du siècle dernier !) On pourra avoir des lectures radicalement différentes du corpus des textes sacrés selon les questions qu'on vient y étudier, la façon dont on va l'analyser. Et il est plus que normal que nombre d'entre nous ne se souviennent de la religion que comme quelque chose d'enfantin, puisque pour la plupart, la dernière fois que nous en avons entendu parler, c'était en classe de sixième. On nous a alors présenté la Bible de façon peut-être enfantine, mais c'était précisément parce qu'on était encore des enfants. Il tombe donc sous le sens qu'on s'en souvienne avec un champ lexical et une profondeur réduits. Cela signifie-t-il pour autant qu'on ne pourrait pas y trouver son compte aujourd'hui ?

Mais alors, faut-il comprendre que les disciples de notre temps relativisent tout le contenu de la Bible, y compris les passages les plus improbables, ou encore qu'ils y trouvent des réponses existentielles à toutes les pages ?

Les chrétiens ne croiraient-ils pas forcément en l'intégralité de ce qu'ils appellent « Parole de Dieu » ?

Si, bien entendu, les chrétiens croient en toute la Bible. Cependant, ils ne réceptionnent pas tous les textes avec le même poids, pas plus qu'ils n'accordent le même degré de crédibilité historique aux événements narrés. Entre la rédaction de la Genèse, le premier livre de la Bible, et les lettres de saint Paul, l'un des apôtres du Christ dont on retrouve nombre de lettres dans le Nouveau Testament, il y a un monde, et plus de mille ans d'écart ! On ne considérera pas l'histoire de Jonas, ce prophète avalé par une baleine (littéralement « un grand poisson ») puis recraché vivant trois jours plus tard, autrement que comme un mythe, une histoire fictive, et au demeurant éminemment nourrissante spirituellement. En revanche, les quatre Évangiles, les témoignages de la vie de Jésus racontée par ses premiers disciples (Matthieu, Marc, Luc et Jean), font partie des textes les plus vérifiés et les plus vérifiables de leur époque, et ont à ce titre, pour nombre de passages dont ils font mention, une vraie valeur historique. Cela ne signifie pas non plus qu'on les étudie comme un reportage journalistique ! Cependant, on peut leur reconnaître beaucoup plus de crédit historique qu'à d'autres passages de la Bible – quand bien même les évangélistes les ont écrits avec une visée prosélytique qu'il faut bien entendu prendre en compte ! Ce sont des textes complexes, composites, avec une part de merveilleux, une part historique, une part philosophique, et bien sûr une part théologique…

Ils méritent à ce titre une réception différente de celle qu'on accorde à Adam et Ève.

Mais si la Bible est la « Parole de Dieu » pour les chrétiens, ne devrait-elle pas être reconnue comme parfaite, ou au moins cohérente ?

La Bible est un tout, que les chrétiens reçoivent comme tel, mais ce n'est pas pour autant que tous ses chapitres et tous ses livres ont la même visée, la même fonction. Ainsi, elle contient des textes de différentes formes : chroniques historiques, prescriptions juridiques, poésies, correspondances épistolaires… Chaque fragment est reçu en fonction du contexte dans lequel il a été écrit, de son époque, de son style, de sa visée, du public auquel il s'adresse. Même les Évangiles sont analysés de manière distincte : certains ont été écrits pour un public juif, d'autres pour un public païen… et les choses n'y sont pas toujours narrées de la même façon. Sans compter que, comme tous les textes, la Bible exprime un point de vue, un regard particulier sur les événements qu'elle décrit. Elle est un témoignage, et à ce titre, comme tous les témoignages, elle pose un regard singulier sur les événements qu'elle décrit.

Petite expérience de pensée :

Imaginez que vous êtes en train de marcher dans la rue et qu'une météorite tombe là, net, juste en face de vous. Le soir même, vous n'en parlerez pas de la même manière selon que vous raconterez l'événement à votre conjoint, à un journaliste local ou dans votre journal intime. Et les autres témoins de la scène la narreront encore différemment. Quel que soit le phénomène, quel que soit le récit, on a tous un point d'observation, de départ, distinct par rapport aux événements. Chacun a sa propre façon de raconter, et s'adresse à des publics différents selon des motivations qui dépendent des circonstances. Pour le dire en quelques mots : la vérité objective dans la narration d'une histoire (et même de l'Histoire) n'existe pas. Les chrétiens le savent. Nous ne devrions jamais prendre le moindre témoignage pour acquis, ni nous contenter d'un seul narrateur, d'un seul point de vue sur les choses. Quel que soit le texte ou le témoignage auquel on se fie, ne faudrait-il pas toujours entreprendre un travail de réflexion et de remise en contexte pour bien le comprendre et l'assimiler ? C'est là un enseignement important, aussi valable dans un questionnement religieux que dans un questionnement existentiel ! Et cela vaut sûrement aussi pour ce que racontent des collègues, un professeur de droit ou la matinale à la radio.

Alors on relativise tout ?

N'y a-t-il rien dans la Bible qui puisse être pris littéralement au sérieux ? Absolument pas ! Reconnaître certains passages comme purement mythiques – très très peu de chrétiens catholiques pensent vraiment qu'un serpent s'est mêlé des affaires de couple d'un certain Adam et d'une certaine Ève ! – n'empêche pas d'y trouver des vérités morales, existentielles, ni de croire que ces textes ont été inspirés par Dieu et ont, à ce titre, quelque chose d'important, pour ne pas dire d'essentiel, à nous enseigner.

Mais alors, comment fait-on pour croire à quelque chose que l'on sait potentiellement scientifiquement invérifiable, voire historiquement faux ?

Pour éclaircir ce point, il faut avant tout interroger ce que l'on entend par le terme « croire ». Le mot est en effet très utilisé, mais on a tendance à faire l'amalgame entre ses deux sens possibles. Le premier est un « croire » objectif, vérifiable. C'est le croire que l'on entend dans : « Je crois que l'homme partage un ancêtre commun avec les grands singes. » Il désigne des faits attestés par la science, dont on peut très facilement établir la fiabilité. C'est, en somme, un « croire » qui désigne une question de « crédibilité ». En parallèle, le « croire » que l'on entend dans « Je crois en mes parents et en mes amis » n'est pas un « croire » scientifique. On n'est pas en train d'affirmer que leur existence nous paraît « crédible », mais bien qu'on a confiance en eux. Il est donc essentiel de bien veiller à comprendre de quel « croire » on parle : est-ce une question de crédibilité, de science, de vérité observable, ou bien une question de confiance ?

Une personne éloignée du monde spirituel et religieux pourra avoir tendance à penser que les croyants « croient » en la Bible comme ils croient à la fiabilité de la théorie de l'évolution, mais c'est là faire fausse route. La religion ne tient pas un discours sur des faits quantifiables, mesurables, mais sur des personnes et des relations interpersonnelles (celles qui unissent les hommes entre eux, et celles qui les unissent à Dieu). À ce titre donc, quand on parle de religion, on parle de personnes, de Dieu, et par conséquent de confiance. Le « croire » religieux ne cherche pas à se mesurer à la science ou à faire concurrence aux historiens.

Croire en la Bible, c'est avoir confiance en ce qu'elle peut nous apporter.

Cela suggère-t-il que pour les croyants, la Bible n'est pas crédible ? Ce n'est pas ce que l'on dit ! Un croyant trouve bel et bien la Bible crédible, mais pas forcément de la façon dont on l'entend sur le plan scientifique. Par exemple, c'est le message moral, philosophique et théologique de la Genèse qui est crédible pour un croyant, pas son éventuel message scientifique ! Au fond, toutes les parties de la Bible ne peuvent pas être reçues de la même façon, mais toutes paraissent crédibles dans leur inspiration divine.

Certains affirment pourtant encore aujourd'hui que le monde a été créé en six jours.

C'est en effet l'une des différences importantes entre les différents groupes de chrétiens. Tous croient en la crédibilité de la Bible, en le fait qu'il s'agit d'un message qui nous a été offert, révélé par Dieu, et qui peut encore aujourd'hui nous transcender. En revanche, là où certains accordent une crédibilité existentielle, philosophique, morale et spirituelle au texte, d'autres lui reconnaissent aussi une crédibilité historique et scientifique sans faille. Ceux-là, qu'on appelle fondamentalistes, estiment que la Bible doit être crue mot pour mot et ne souffre aucune interprétation autre que littérale. Ce rapport-là à la foi n'a pas grand-chose à voir avec celui de la grande majorité des chrétiens en France, notamment des catholiques. La plupart des croyants ne réfutent pas tous les cours de sciences reçus au collège simplement parce qu'ils trouvent de l'intérêt à lire la Genèse… On peut être chrétien et croire aux brontosaures !

Mais la Parole de Dieu n'est-elle pas censée donner toutes les réponses ?

La Bible ne cherche pas à tout dire ni à aborder l'ensemble de l'histoire de l'humanité. Elle répond avant tout aux « pourquoi », et pas vraiment aux « comment » de l'existence. Elle ne résout pas toutes les questions qu'on peut se poser, encore moins celles de la science, ce n'est pas son objet. Mais à travers elle, les croyants pensent que Dieu a surtout jugé utile de se prononcer non pas tant sur le darwinisme ou la tectonique des plaques que sur la voie du bonheur et comment chacun d'entre nous peut le trouver. En somme, lire la Bible en cherchant des réponses à des questions scientifiques, c'est un peu comme chercher une recette de pot-au-feu dans un livre de pâtisserie !

Le pape Jean-Paul II lui-même a tenté d'exprimer la façon dont science et croyance peuvent être complémentaires. « La foi et la raison sont comme les deux ailes qui permettent à l'esprit humain de s'élever vers la contemplation de la vérité », écrivait-il dans son magnifique traité : *Foi et raison*. Ainsi, le chrétien n'est pas un grand enfant qui croit en des contes de fées impossibles. Il a simplement trouvé et continue de reconnaître en la Bible un soutien dans ses interrogations existentielles au jour le jour, un guide dans son chemin de vie, et sûrement même, plus que cela encore.

Voilà qui éclaire fort la question : « Comment les croyants peuvent-ils croire ? » Mais peut-être, si l'on n'a pas soi-même la foi, a-t-on encore du mal à comprendre comment ces derniers, et particulièrement les chrétiens, peuvent faire corps à partir de tout ça. Comment tombent-ils d'accord, comment réussissent-ils à rendre leur foi durable alors même qu'il existe tant d'interprétations, tant de discours ? Qu'est-ce qui les anime, qu'est-ce qui leur permet de ne pas douter ?

Croient-ils vraiment qu'ils ont la « vérité » ?

Chapitre 3

Pourquoi certains ont la foi ?

Pour qui n'a pas la foi, observer des croyants a quelque chose de déconcertant. En 2022, alors que nous vivons à l'âge des algorithmes, de l'intelligence artificielle, de la philosophie transhumaniste *made in* Silicon Valley (et bientôt même de la « possibilité de l'immortalité »), alors que l'homme est devenu tout-puissant et que Dieu paraît souvent absent, il y a encore des gens pour aller à la messe. Il n'y a pas à dire : ça pose question. Comment peuvent-ils s'évertuer à s'en remettre à ces histoires de divin alors qu'objectivement la science, la technologie et la modernité montrent qu'on peut s'en passer ?

Qu'est-ce qui les anime ?

Pour répondre à cette interrogation, rien de tel que d'examiner son entourage proche, des gens incarnés, plutôt que de chercher à disséquer en vain une figure très abstraite du « croyant ». Nous avons tous un ami, un collègue ou un proche avec qui l'on n'avait jamais parlé religion et qui nous a surpris un jour en nous invitant à son mariage à l'église, ou au baptême de sa fille. Décontenancé, on se rend à la célébration, tout étonné de le découvrir debout, devant un prêtre. Lui que l'on côtoie dans un cadre tout ce qu'il y a de plus « normal » dans la vie de tous les jours, en bleu de travail, au bureau, ou au café, le voilà tout endimanché, et il a l'air de boire les paroles du curé. Y croit-il vraiment ? Pense-t-il que la vérité se trouve là, dans ces prières ?

D'après tout ce qu'on sait de lui, cet ami n'est pas un illuminé, pas plus qu'il n'a jamais défendu corps et âme que Dieu existe, que la religion régit sa vie ou que les dogmes catholiques sont les seuls aiguillons de son quotidien. Mais alors, si ce qui l'anime n'est pas cette image classique, peut-être un peu idéalisée, du croyant, qu'est-ce qui l'attire dans la foi ?

La célébration suit son cours, et le mystère s'épaissit. Perplexe, à la réception, une flûte de champagne dans la main, on fixe les invités les uns après les autres, en quête de réponses. Peut-être pourront-ils nous éclairer ? Peut-être savent-ils mieux que nous d'où vient l'insoupçonné penchant religieux de l'hôte du jour ? On intercepte alors un ami commun, l'air de rien. « Tu savais, toi, que Jérôme était catho ? — Pas du tout, répond l'intéressé en haussant une épaule. — Tu penses qu'il va à la messe, qu'il pratique ? — Aucune idée. »

Mais alors, pourquoi ? Les valeurs, peut-être ?

« C'est sûrement une question de valeurs », suggère en effet notre interlocuteur du moment, avant de s'en retourner consacrer son attention aux feuilletés au saumon. Et à bien y réfléchir, c'est possible. Les valeurs chrétiennes, ça peut parler à plus d'un d'entre nous. Toutes ces histoires de tradition judéo-chrétienne, les dix commandements, le fameux « aimez-vous les uns les autres » de Jésus, ses appels à protéger les plus petits, les marginaux, tous les préceptes moraux qu'énoncent certains livres de la Bible et dont on entend parfois des échos ; ou encore le souvenir de figures de sainteté, sainte Mère Teresa, saint François d'Assise, l'Abbé Pierre, tout cela, c'est plus ou moins lointain, mais on comprend que ça appartient à une forme de socle commun, et que ça peut encore parler à certains. C'est peut-être bien pour cela que Jérôme se marie à l'église, ou qu'il tient à faire baptiser sa fille. Non pas tant par conviction aveugle que la vérité chrétienne est la seule qui vaille, mais pour se placer sous tout un héritage moral, éthique et philosophique connu et rassurant. Il n'est pas parfait, loin de là, il a dû commettre des manquements à l'égard de ces fameuses valeurs chrétiennes, mais se tourner vers la religion pour ces grandes étapes de sa vie, c'est peut-être précisément une façon de se rapprocher de ces préceptes, de faire commencer son mariage du bon pied, d'exprimer le désir de faire siennes et quotidiennes ces valeurs. En effet, elles font partie de lui, et quand bien même il ne les respecterait pas toujours, il serait tout à fait compréhensible qu'il espère, par cette « grâce », tendre toujours mieux vers elles. Et puis, Jésus reste une figure de sagesse sans pareille, y compris pour des non-croyants. Certaines traditions, sans le reconnaître comme Dieu, le reçoivent comme un philosophe, un prophète. C'est peut-être cela aussi qui parle à Jérôme : ce grand sage plein de générosité et de droiture.

Et si c'était autre chose encore, un héritage ?

Trois petits-fours plus tard, nous voilà embarqué dans une nouvelle conversation avec une autre amie, aussi intriguée. « Je pense que c'est une histoire de racines, décrète celle-ci. Sa famille a toujours été chrétienne, il a hérité de la foi de ses parents et de ses grands-parents, et ça doit le rassurer. Ça lui donne le sentiment d'être en contact avec quelque chose de plus grand que lui, ça met de l'ordre dans sa vie. »

Après tout, la religion chrétienne, et plus particulièrement catholique, structure bel et bien notre pays et notre culture depuis des siècles. Nourris par des valeurs religieuses, les hommes ont érigé des sociétés riches, foisonnantes, et leur foi leur a inspiré de nombreuses avancées sociales autant que de sublimes œuvres d'art, des morceaux de musique, des bâtiments, des tableaux… Les premières formes d'expression artistique et de justice sociale ont ainsi toutes été religieuses, tout notre patrimoine est imbibé de culture chrétienne. Cela, indéniablement, crée un sentiment de proximité avec le christianisme.

« Mais enfin, il n'a rien de réac, Jérôme, tu crois vraiment qu'il est du genre à invoquer ses racines chrétiennes ? » s'étonne-t-on. Ce à quoi un autre ami, un peu prosélyte sur les bords, rétorque : « On peut apprécier l'héritage de la religion sans vouloir figer le monde dans le passé. La foi s'est adaptée à l'actualité de chaque époque, c'est comme ça qu'elle s'est transmise de siècle en siècle. On peut reconnaître la valeur de la tradition chrétienne tout en étant pour le progrès. » L'Église après tout a été à l'origine de bien des innovations, et a souvent fait montre de sa capacité de se mettre à jour, pour toujours mieux rejoindre le souci de ses contemporains. Elle a même posé les bases de l'école, des universités, de la justice telle qu'elle est pratiquée de nos jours, des pompiers ou encore de notre système hospitalier des siècles durant. Encore aujourd'hui, elle continue de participer à la promotion des avantages sociaux de tous, au développement d'actions humanitaires, écologiques, et même à des négociations diplomatiques. Il est compréhensible que nombre d'entre nous s'identifient et cherchent à s'affilier à cette tradition. C'est peut-être donc de cet héritage que Jérôme et bien d'autres se sentent légataires… Cette histoire qu'ils cherchent à perpétuer.

À moins que ce soit une question de protection ?

« Est-ce qu'au fond il n'est pas juste un peu superstitieux, notre Jérôme ? » lance alors une dernière connaissance. — Comment ça ? — Eh bien, il vient chercher une forme de protection. C'est rassurant, de se dire qu'on a la bénédiction de Dieu. *A fortiori* quand c'est le Dieu des chrétiens, qui est quand même assez bienveillant dans l'idée. Ça inspire la confiance. » N'est-il pas vrai qu'en ces temps de tensions sociales et politiques, parfois même d'angoisses, on voit de plus en plus de personnes chercher une forme de consolation, de réconfort dans la religion ? Nombreux sont les croyants qui témoignent du sentiment qu'ils ont, grâce à leur foi, d'être veillés par un Dieu attentif, présent à leurs côtés, prompt à leur porter secours et à les apaiser. On a tous croisé des gens qui qualifient un peu vite une guérison, une rencontre ou une réussite, de « miraculeuse ». Et c'est vrai que quand on voit les miracles narrés par la Bible, ou encore toutes les fois où la science s'est cassé les dents à tenter d'expliquer certains événements rapportés à Lourdes par exemple, on comprend leur propension à l'enchantement. Il n'est donc en rien illégitime pour quelqu'un de trouver en Dieu cette figure rassurante. Espérer une aide de sa part n'implique d'ailleurs pas qu'on ait un rapport superstitieux ou purement intéressé à la religion. Ce n'est pas parce qu'on a envie ou besoin d'y croire qu'on croit moins sincèrement que d'autres. Les personnes qui entrent dans la foi par la porte du désir de protection cherchent simplement à avoir confiance en Dieu, en ses promesses, ses miracles. Et il faut le reconnaître, cette confiance est bien souvent fluctuante : comme dans toute relation, même nos plus amicales, on aura plus confiance certains jours que d'autres.

Il ne s'agit donc pas de confondre confiance et superstition ! Il y a un monde entre les croyants qui trouvent une forme de réconfort dans la foi, en l'assistance possible de Dieu, et ceux qui font leur supermarché « mystique » en piochant dans tous les recours et toutes les traditions possibles ! Le reiki, la lithothérapie et bien d'autres pratiques ésotériques en vogue aujourd'hui relèvent *a priori* du superstitieux (leur efficacité ne peut être démontrée – celle de la foi, certes, non plus, mais cette dernière n'est pas « livrée » avec un ensemble de promesses garantissant « effets assurés »). Les croyants, eux, mettent leur confiance en Dieu, pas en un objet ou une pratique, et c'est là toute la différence. L'Église n'interdit pas pour autant de faire de la gym yoga, et ne condamne pas les passeurs de feu, mais il faut distinguer ce qui relève de la foi et de toute forme d'ésotérisme. Ces pratiques et domaines constituent simplement un autre champ de croyances, et, clairement, l'Église promeut qu'on croie en Dieu et en la Bible plutôt qu'en l'astrologie ou au Ouija. Si certaines de ces croyances venaient à être scientifiquement reconnues un jour, sans nul doute, l'Église reverrait sa copie, mais d'ici-là, par prudence elle invite à garder ses distances. En somme, pour un chrétien, ce n'est résolument pas la même chose de croire en les saints que de croire en un magnétiseur. On croit en la Providence (le fait que Dieu est à nos côtés, et qu'il peut pourvoir à nos besoins au quotidien) comme en une vérité absolue, mais on ne prend pas la prière pour une formule magique, loin de là ! Lorsqu'il récite un « Notre Père », le chrétien ne s'attend pas forcément à ce que ses souhaits soient aussitôt exaucés. Simplement, il place sa confiance en Dieu (« que ta volonté soit faite ») plutôt qu'en une attente précise, et se montre prêt à accueillir les signes, conseils et orientations que celui-ci lui suggérera et révélera.

Assurément la dimension de consolation dont Dieu témoigne dans la Bible à l'égard de tous n'est pas à négliger pour autant. C'est une réalité : Dieu est bien souvent perçu comme un consolateur, y compris par des personnes parfois fort éloignées de la religion ! Il est intéressant de constater que, dans de nombreux films, par exemple dans *Don't Look Up* d'Adam McKay, les personnages principaux ont pour réflexe de prier à l'approche de la mort, quand bien même tous ne seraient pas croyants... et pourtant, tous semblent y trouver une sorte de nécessité, un apaisement. D'ailleurs, si n'importe lequel d'entre nous, même complètement étranger à la religion, tombait demain dans une crevasse en montagne et s'y retrouvait coincé, ne se mettrait-il pas, à un moment ou un autre, à prier, comme un dernier recours ? Quand ça ne va vraiment, vraiment pas, on a besoin d'appeler à l'aide, y compris (et souvent) une aide transcendante. C'est un élan d'autant plus naturel et normal qu'il nous a été transmis par la tradition chrétienne et qu'il a structuré notre société, notre façon de penser, y compris si l'on est athée ou agnostique. C'est une donnée de notre culture, que l'on a plus ou moins tous intégrée : comme nous l'ont appris le Nouveau Testament et la figure du Christ, Dieu, s'il existe, est un Dieu bienveillant. C'est du moins comme cela qu'il s'est présenté à nous. Et comme notre culture occidentale est pétrie de christianisme, tous nous partageons bien souvent un même sursaut d'espoir envers Dieu lorsque nous traversons des épreuves. N'est-on pas chacun habité par ce petit instinct, cette pensée fugace pour le monde de la foi, lorsque nous franchissons des étapes marquantes de nos vies, voire plus encore quand nous sommes confrontés au pire ?

Alors, ce serait juste une histoire de valeurs, de racines chrétiennes et/ou de désir de protection ?

Peut-être, mais peut-être pas seulement ! Il est possible que ce soient là les liens majeurs, voire les seuls entre Jérôme ou nombre de nos contemporains et l'univers du croire. Et si c'est le cas, ce n'est déjà pas « rien ». Ces trois piliers sont trois portes d'entrée légitimes dans la foi, trois raisons normales et valables de se tourner vers la religion. Se sentir proche de Dieu parce qu'on veut suivre ses valeurs, se placer sous son héritage ou rechercher sa protection ne rend pas nos intentions moins nobles que d'autres.

On ne sait pas ce qu'il y a dans le cœur de chacun !

Ces trois élans peuvent suffire à certains, et pour d'autres ils sont des prologues, des introductions, des arbres qui cacheront toute une forêt d'autres réflexions. D'ailleurs, si certains avancent parfois ces trois portes d'entrée comme explications à leur foi, il s'agit aussi souvent d'une forme de pudeur, de légitimations de leur « croire », de raisons qu'ils mettent en avant pour rationaliser une confiance bien plus large, qu'ils auraient peut-être du mal à mettre en mots. En somme, une explication facile à résumer en société, qui ne correspond pas forcément toujours à ce qui brûle profondément dans leur cœur. Des raisons formelles et pragmatiques de croire, mais en fait pas le moteur qui les anime sincèrement.

Lorsqu'on y regarde bien, ce n'est pas le dogme, la tradition ou la peur de l'avenir qui fait vibrer la plupart des croyants ! Les racines chrétiennes, le culte des saints, c'est bien joli, mais ce n'est pas pour ça que les gens se coltinent chaque semaine une heure dans le froid, après vingt minutes de trajet aller et autant au retour, pour entonner des cantiques que leurs grands-parents chantaient déjà il y a soixante-dix ans ! (#caricature) Bien sûr, il y a toujours une part d'intérêt dans le rapport à la foi. Après tout, nous restons humains. Cependant, il ne faut pas se méprendre sur le fait qu'on y trouve tous sans nul doute bien plus que cela.

Comme partout, il y a une grande diversité chez les chrétiens.

Essayons d'en rendre compte sans trop sombrer dans les clichés. Chez certains, le moteur de la foi – visible en tout cas, leur « pratique » – ne semble s'activer que pour quelques rendez-vous cultuels dans l'année. Pour d'autres, on sent que c'est quelque chose de bien plus présent dans leur vie. Ça dépasse le rationnel, ça ne s'exprime pas en mots. Comme si quelque chose d'indéfinissable, d'impossible à quantifier ou à rationaliser, brûlait dans leur cœur. Quelque chose un peu du même ordre que ce qui anime deux jeunes amoureux de quatorze ans : un enthousiasme difficile à réfréner !

On véhicule de temps en temps cette image éculée des paroissiens endormis qui s'ennuient à la messe, mais la réalité est bien plus variée et colorée que cela. Dieu merci ! Si les gens consentent à dégager du temps chaque semaine pour aller à l'église, ce n'est certainement pas par obligation morale, par routine ou parce que ça les indiffère. Au contraire même, n'est-ce pas quelque chose de l'ordre de l'envie sincère, de la flamme, et même de la joie, qui les anime, et les fait revenir dimanche après dimanche ? Si l'on essaye de les pousser à formuler ce qui les meut, ce qui les touche dans la foi et la liturgie, rares seront sûrement ceux qui auront des explications rationnelles et logiques à avancer. C'est un peu comme en amour : ce qui est beau ne s'explique pas toujours.

Mais alors, les croyants sont-ils tous des sortes d'illuminés ?

La foi leur est-elle tombée dessus d'un coup d'un seul ? Ont-ils vu la Vierge ? Ça arrive parfois ! On rencontre les deux cas de figure chez les personnes ayant trouvé la foi. Certains ont été comme sonnés du jour au lendemain, retournés comme des crêpes ! C'est notamment le cas du célèbre écrivain Paul Claudel, qui raconte avoir eu une véritable révélation au cours d'une messe de Noël. Et il n'est pas le seul : beaucoup expliquent avoir connu une forme de grâce, une bascule soudaine, comme si un interrupteur leur avait permis d'un coup de mettre les mots sur quelque chose qu'ils ne formulaient ou ne soupçonnaient pas auparavant. De temps en temps, certains parlent d'une vision, d'autres d'expériences presque sensibles, d'un songe, ou encore d'une forme d'illumination rationnelle. Ces entrées soudaines dans la foi peuvent passer par tout un éventail d'intuitions, de réflexions et de perceptions, qu'il serait caricatural de réduire à de simples transes mystiques !

Et pour les autres…

Si l'image de l'entrée dans la foi comme un déclic nous est dans l'imaginaire collectif souvent familière, elle est loin d'être la seule possible. On pourrait en effet distinguer les « coups de foudre » pour qui l'événement se fait en effet de façon très soudaine, et les « existentiels » pour qui cela relève d'une démarche autrement moins émotionnelle. Beaucoup découvrent ainsi la confiance en Dieu progressivement, par une réflexion sur le temps long. Leur foi n'en est pas moins sincère : ce n'est pas parce qu'on n'a pas eu une révélation soudaine, mystique, qu'on ne croit pas !

Il est nécessaire donc d'avoir une vision plurielle des croyants.

Comme toute population, ils se situent sur tout un spectre de convictions, de pratiques et de sensibilités bien différentes. Certains vont se contenter d'assumer l'étiquette « chrétien » sans y accorder davantage de poids, se rendre à quelques célébrations importantes de l'année et se laisser bercer par l'élan de la prière tel qu'il vient dans leur quotidien. Ils n'en sont pas moins croyants : tout le monde a le droit de croire et de pratiquer comme il l'entend, et l'on peut être extrêmement sincère dans sa foi sans forcément aller à la messe très souvent. Chacun a son histoire propre, ses priorités, ses disponibilités, sa relation à Dieu, et certains n'ont simplement pas le temps, le besoin ou l'envie de pratiquer davantage, de manifester leur foi au-delà d'un mariage à l'église ou d'un baptême. D'autres, il est vrai, semblent avoir quelque chose en plus, un genre de « truc » indéfinissable. Et parmi eux, on va retrouver des gens qui ont été convertis du jour au lendemain, ou des gens qui se sont approprié leur legs religieux familial, ou d'autres encore qui se sont laissé happer par une quête intérieure. C'est aussi ce qui fait la beauté et la richesse de l'Église : chacun y arrive avec son bagage, et nourrit la communauté de sa propre approche. Mais alors, face à une telle diversité de profils, d'histoires, de types et de degrés d'engagement différents, de lectures et de compréhensions personnelles, peut-on objectivement reconnaître un dénominateur commun à tous les chrétiens ?

Ont-ils la même foi ?

À cette question, une seule réponse possible : oui, sans hésitation ! Et cela d'autant plus lorsqu'on ne pose pas tant la question de la crédibilité, du texte ou de la tradition chrétienne, que celle de la confiance en celui qui se révèle, et en ceux qui nous l'ont transmise. N'est-ce pas là-dessus que les chrétiens se rejoignent ? Les portes d'entrée de chacun sont certes différentes (les voies du Seigneur sont impénétrables !), mais on sent chez tous une même vibration, quelque chose qui transcende les âges, les nations, quelque chose qui résiste au passage du temps et au bouleversement apporté par chaque génération. Cette foi, au fond, partagée par tous, est-ce celle en un dogme, une règle de vie, des injonctions auxquelles se conformer… ou en une personne :

Dieu ?

D'accord, mais enfin, « Dieu », c'est un mot un peu facile… Les chrétiens croient-ils vraiment qu'un vieux barbu les regarde et les écoute depuis le ciel ?

Chapitre 4

Dieu, c'est-à-dire ?

Petite devinette. À l'origine, ces individus partageaient une même foi, et se référaient au même texte, mais des siècles durant, ils se sont coupé la tête les uns les autres. Pourtant, trois à quatre siècles plus tard, ils vivent désormais dans le respect des altérités et de l'unicité de chacun. De qui s'agit-il ?

Des chrétiens.

Catholiques, orthodoxes, protestants, on les a rencontrés dans des livres d'histoire, sur des tableaux du XVIe siècle, dans des romans de chevalerie. Tous partagent un même socle de foi, mais ils se sont parfois divisés au cours des siècles quant à la façon de l'expliciter et de la pratiquer. (Le schisme entre catholiques et orthodoxes, survenu en 1054, concernait notamment la question de la place de l'Esprit saint dans la Trinité – procède-t-il du Père ou du Père et du Fils ? – et celui entre catholiques et protestants, au début du XVIe siècle, portait plutôt sur des questions de dévotion et de compréhension du salut.) Ce sont les protagonistes des guerres de Religion, du massacre de la Saint-Barthélemy, les pilleurs d'églises et décapiteurs des statues de saints, pris dans une lutte fratricide, « au nom de Dieu ».

Et pourtant, aujourd'hui, après des siècles à se regarder en chiens de faïence, voire à déclencher les hostilités, malgré des pratiques et conceptions différentes (notamment à l'égard de la Tradition), tous se côtoient en pleine et vraie fraternité. Dans certaines communautés religieuses, comme celles du Chemin neuf et de Taizé, on est même presque passé du tout au rien : là-bas, les différentes confessions chrétiennes sont présentes, et des membres de chaque tradition vivent ensemble, selon une règle de vie commune, et en harmonie.

Qu'est-ce qui a changé ?

Avec le temps, les problématiques politiques se sont apaisées, et les Églises, enfin débarrassées des luttes de pouvoir dans lesquelles leurs gouvernants les épuisaient, ont pu constater qu'elles n'étaient pas si différentes les unes des autres. Et aujourd'hui, l'essentiel coexiste en paix. Il est désormais admis que les courants majeurs du christianisme, à savoir les catholiques, les orthodoxes, les protestants et aujourd'hui les évangéliques (aussi considérés comme faisant partie des protestants), représentent chacun une couleur spécifique de la vie chrétienne, donnent vie à la Parole de Dieu d'une façon qui leur est propre, mais qu'ils ne s'opposent rien de réellement contradictoire, et sont d'accord sur le fond de la foi. Cela peut, cela dit, avoir de quoi déstabiliser : d'où viennent alors leurs écarts de pratiques, et leurs dogmes parfois divergents ? Comment s'y retrouver ? À quelle porte pourra aller frapper celui qui se pose des questions sur la foi ? Celle d'un temple, d'une église à dôme rond et doré, d'une chapelle romane ?

Certains d'entre eux ont-ils plus raison que d'autres ?

C'est une question tout à fait légitime, d'autant plus quand on a fait un peu d'histoire. On connaît le parcours tumultueux des différents schismes et réformes de la chrétienté. Le passé nous a montré combien les hommes pouvaient mal comprendre la religion, voire l'instrumentaliser pour mener tel combat, telle guerre. Et ces dissensions passées ne sont pas ce dont les communautés de croyants sont les plus fières aujourd'hui. Cependant, les temps ont drastiquement changé, et si les divergences coutumières persistent (les catholiques se réfèrent au pape, les orthodoxes à des patriarches ; la décoration d'une église orientale sera riche de couleurs, ornementée d'icônes, celle d'un temple protestant particulièrement sobre ; on entendra plus facilement du grégorien chez les Latins et du gospel chez les évangéliques…), tous partagent une même vérité, le donné révélé il y a deux mille ans, une « Bonne

Nouvelle » unique, littéralement : l'« Évangile ». Mais alors, pourquoi n'y a-t-il pas qu'une seule Église ?

Peut-être, une nouvelle fois : parce qu'on a tous une porte d'entrée différente dans la foi.

Chacun de ces groupes a son histoire, sa culture, son ancrage géographique, et pour toutes ces raisons, a développé son faisceau propre de pratiques et de coutumes. Si aujourd'hui les pasteurs protestants se marient, pour certains, et les prêtres catholiques romains choisissent le célibat, si certains tapent dans leurs mains pour chanter tandis que d'autres ne toucheront jamais l'hostie consacrée autrement qu'avec la langue, ça ne vient pas du tout de consignes spécifiques érigées par Dieu, mais d'habitudes différentes, d'évolutions historiques distinctes. Pour les croyants, reproduire ces usages n'est pas une façon de prouver qu'ils ont plus raison que les autres, mais de perpétuer un héritage, de célébrer la façon dont ils sont devenus familiers de la foi, et celle dont leurs aînés l'ont reçue et comprise.

Par ailleurs, aujourd'hui plus que jamais, tous ces groupes sont réunis par un socle commun, des fondamentaux identiques. Ainsi, tous reconnaissent un seul et même baptême. Peu importe que l'on ait été baptisé chez les uns ou chez les autres : le résultat est le même. C'est le fait d'être baptisé et de se reconnaître dans le Credo (littéralement « Je crois »), la profession de foi, cet ADN commun, qui fait le chrétien, et non les traditions qui lui ont été transmises ou les particularités de sa pratique. Voilà pourquoi il existe des événements comme la semaine d'unité pour les chrétiens, des groupes œcuméniques de lecture de la Bible (rassemblant des gens des différentes traditions chrétiennes), et même des bénévoles protestants ou orthodoxes dans des paroisses catholiques… Un peu comme les pays de l'Union européenne d'une certaine façon, les Églises chrétiennes sont « unies dans la diversité » ! Il n'est donc pas rare de voir des chrétiens de différents héritages se réunir et se soutenir : on peut notamment songer aux chrétiens d'Orient, pour beaucoup de tradition orthodoxe, qui partagent et entretiennent de forts liens de solidarité aujourd'hui avec les catholiques occidentaux. Avec le temps, les frontières y compris physiques entre tous ces groupes tendent parfois à devenir poreuses. Ainsi, certaines paroisses œcuméniques regroupent toutes sortes de chrétiens pour des célébrations communes. Il y a même fort à parier que dans la paroisse près de chez vous, tous les chrétiens ne sont pas forcément nés catholiques !

À la toute fin du XXe siècle, les catholiques sont allés jusqu'à signer une déclaration commune avec les protestants réformés, afin de reconnaître que leur foi était la même. Certes, les premiers ont des traditions et coutumes différentes des seconds, issues de siècles d'histoires et de compréhensions distinctes, mais sur le fond de la foi, tous partagent un seul et même Credo. Cette déclaration d'Augsbourg de

1999, hautement symbolique étant donné l'histoire, établit une fois pour toutes que la justification par la foi est la même, au-delà des spécificités de chacun : tous, nous partageons la même confiance sur la manière dont Dieu s'est révélé et s'y prend pour nous sauver. Ce qui réunit les chrétiens, quelle que soit leur origine et sensibilité, c'est donc cette foi en un même Créateur, Dieu : Père et Fils et Saint-Esprit.

Qu'est-ce qui détermine que certains épousent telle tradition plutôt qu'une autre ?

La plupart du temps, on ne choisit pas vraiment. On se sent comme pressé vers celle qui deviendra son Église, pour des questions de culture, de géographie ou de sensibilité avant tout, sans qu'on éprouve forcément de farouche opposition à l'égard de la pratique des autres groupes. On n'a pas à désavouer les uns pour choisir les autres ! L'important, c'est surtout de trouver l'endroit où son désir de confiance va pouvoir s'épanouir, vers lequel son cœur se sentira attiré et pourra pleinement résonner. Toutes sortes de raisons peuvent motiver un tel choix. Que ce soit parce que ce sont nos voisins, et qu'on les côtoie au quotidien, parce qu'on aime taper dans ses mains et qu'on est prêt à rouler trente minutes pour aller chanter la louange de Dieu, en mode *Sister Act*, parce qu'on veut retrouver la messe de notre enfance ou aller découvrir la communauté tradi à trois stations de métro, tout est possible ! L'essentiel n'est peut-être pas que l'une de ces voies soit supérieure aux autres, mais qu'elles nous mènent toutes à Dieu.

Au fond, le seul « critère » fondamental, indispensable, c'est de croire qu'il existe une entité à l'origine de tout ce qui nous entoure, qui veille sur nous à chaque instant, et qui a un dessein pour chacun et chacune d'entre nous. En d'autres termes, pour se sentir appartenir à la communauté chrétienne, il n'y a peut-être pas de « bon choix » à faire entre ses différentes Églises, mais juste un prérequis incontournable… croire, vouloir avoir confiance en Dieu, l'Amour même, tel que nous l'a révélé Jésus. La raison pour laquelle les chrétiens s'entendent aujourd'hui, c'est qu'ils partagent un même Dieu, et un même guide : l'Évangile.

Et les athées alors ?

On a aujourd'hui tendance à voir l'essor de l'athéisme comme une évidence, parfois même comme une fatalité. Ainsi entend-on souvent dire que la religion aura bientôt disparu, que Dieu est mort, et que nous nous dirigeons inexorablement vers un monde sans Dieu. Pour certains même, l'avancée de l'athéisme est synonyme de progrès, et la religion serait condamnée à décliner avec le temps au fur et à mesure que l'espèce humaine grandirait. Et aussi, certains ont tendance à considérer qu'une fois qu'on est athée, on l'est pour toujours, que le « retour en arrière » que serait toute forme de rapprochement avec la foi est impossible.

Mais dans les faits…

À l'échelle de notre planète, l'athéisme a toujours été et est encore une tendance très minoritaire. En 2021, on estimait ainsi que les athées ne représentaient que 8 % de la population mondiale. De plus, et on a tendance à l'oublier, surtout dans un pays aussi laïcisé que la France, l'athéisme dans son acception moderne est quelque chose d'extrêmement récent dans l'histoire de notre civilisation. L'humanité a toujours plutôt eu tendance à croire en Dieu, contrairement à ce que certains laissent entendre !

On dit souvent que c'est avec les Lumières que cette idéologie a commencé à se répandre, que les gens ont perdu foi en Dieu. Or, en réalité, si Voltaire et ses contemporains critiquaient vivement le catholicisme de leur époque, ils restaient malgré tout croyants. Ancrés dans ce que l'on pourrait nommer un agnosticisme déiste, ils ne remettaient pas en cause l'existence d'un Dieu créateur préexistant à tout, mais la Révélation telle qu'elle leur avait été transmise. Ils n'ont pas choisi de rejeter l'existence de Dieu, mais simplement de ne plus en vivre comme la Tradition le leur suggérait. C'est pourquoi leurs critiques se dirigeaient non pas tant sur le « grand architecte » que vers certains dogmes de la Révélation chrétienne.

L'athéisme tel qu'on le conçoit aujourd'hui n'a émergé qu'à la fin du XIXe siècle, avec des penseurs comme Nietzsche, Freud, et Feuerbach, les trois grands théoriciens de la mort et de l'absence de Dieu. C'est sur leurs épaules que s'appuient par la suite les grandes idéologies athées du XXe siècle, le communisme soviétique, le nazisme, le matérialisme, le capitalisme et le libéralisme, qui ont elles-mêmes forgé et nourri l'athéisme que nous connaissons en Occident aujourd'hui… mais dont l'influence, si elle est importante, est encore loin de faire l'unanimité.

Une vision du monde sans Dieu est donc l'exception plutôt que la règle… et l'athéisme n'avait quasiment jamais existé jusqu'à il y a cent cinquante ans. Le fait de croire en un ou plusieurs dieux a, à l'inverse, structuré l'ensemble de l'histoire de l'humanité, toutes époques et toutes régions confondues, au point que certains estiment même que c'est grâce aux croyances religieuses que nous avons fait société. Ainsi, on soutient parfois que si l'*Homo sapiens sapiens* s'est sédentarisé, c'est en partie grâce à l'agriculture, mais aussi parce qu'il commençait à établir des lieux de culte communautaires. Ce serait ainsi autour de la religion que notre espèce aurait créé une première forme de partage, il y a douze mille ans environ, de récit commun. Certains vont même jusqu'à proposer que c'est parce que l'homme a développé sa vie spirituelle qu'il a éprouvé le besoin de se sédentariser… Cela laisserait penser que plus une population est capable de se fier à une force transcendante, à avoir foi collectivement en l'impalpable, plus elle serait à même de créer de la communion, de la sécurité, de l'empathie, et donc les bases d'une vie en société agréable. Le degré d'humilité et donc d'humanité d'une civilisation ne se jugerait-il pas à l'aune de la capacité qu'elle a de reconnaître l'existence du divin, d'admettre qu'elle ne tient pas son origine d'elle-même ? Faire confiance en quelque chose de transcendant, ne serait-ce pas, au fond, la première étape pour faire confiance à son prochain ? Plus que le rire, n'est-ce pas cela, le propre de l'humain ?

Mais si le religieux a été si fondateur dans notre histoire, comment expliquer l'irruption des idéologies athées ?

Tout commence avec notre basculement dans l'ère dite de l'Anthropocène, c'est-à-dire la période, commencée vers la fin du XIXe siècle, où l'humanité s'est mise à disposer de technologies et de moyens tels qu'elle est devenue la première cause de changement sur Terre, devant les forces géophysiques. Plus qu'une véritable révolution technique ou industrielle, c'est une révolution ontologique : l'homme n'est dès lors plus seulement le locataire de son environnement, il en est le principal déterminant. Et depuis, forcément, notre espèce a eu tendance à se penser toute-puissante, à croire en elle-même avant tout. Avec un tel état d'esprit, rien d'étonnant à ce que le soutien d'un Dieu ait paru de moins en moins nécessaire. Quel intérêt de guetter l'éventuelle présence d'une force transcendante impossible à mesurer, quand on peut compter sur un progrès matériel, un pouvoir d'action palpable ? Sous l'influence combinée des philosophies matérialistes modernes de la fin du XIXe siècle et des impressionnants développements technologiques des dernières décennies, rien d'étonnant à ce que l'athéisme ait trouvé un écho croissant en Occident. À un âge où l'on tente toutes les expérimentations scientifiques et techniques, où l'on croit tout expliquer, où toute la connaissance possible et imaginable nous semble accessible en quelques clics, on n'a pas envie de croire qu'on n'est pas en contrôle, qu'on doit son existence et sa condition à autre chose qu'à son travail, sa logique, sa raison. Face au monde, à la Terre, on veut pouvoir se dire : « Je maîtrise » ; ou du moins : « Je peux comprendre ce qui se passe, je peux expliquer. » Et c'est ainsi qu'on va souvent préférer ne voir dans les mystères de la création de l'Univers que le fruit d'un merveilleux mais pur hasard. Les autres options, les autres explications moins mathématiques sont par essence invisibles, impalpables, et ça, ce n'est pas très compatible avec notre tendance nouvelle à vouloir tout saisir et tout quantifier. Les questions de nos origines et de notre spiritualité sont aujourd'hui quasi taboues, en tout cas souvent décrédibilisées, car perçues comme irrationnelles, ou pire : enfantines, superstitieuses. Nous ne faisons plus confiance comme les peuples qui nous ont précédés, nous voulons des idéaux de certitudes objectives. Nous autres Occidentaux n'avons plus envie de croire, mais de savoir.

Pourtant, il est des réalités scientifiques face auxquelles la science elle-même peine à donner des explications satisfaisantes…

En effet : quand on sait combien le monde est calibré de façon idéale, précise, millimétrée, comment croire que tout cela ne pourrait résulter que de coïncidences ? Pour qui s'intéresse à l'ensemble des paramètres nécessaires à l'apparition et au maintien de la vie sur Terre, il y a de quoi être ébahi. Ainsi, l'émergence d'organismes vivants est conditionnée à des constantes extrêmement précises. On a besoin d'un parfait mélange gazeux de l'atmosphère, de la juste force gravitationnelle, de l'exacte température ambiante permettant à l'eau d'être liquide, de la bonne distance entre la planète et le Soleil… Et certaines constantes fondamentales de l'Univers sont encore plus troublantes, d'une précision ahurissante, au point que si elles ne variaient que d'un milliardième de degré elles n'offriraient pas l'équilibre qui nous a permis d'apparaître. Tous ces paramètres, d'une précision qu'on ne peut que difficilement se représenter, sont si subtilement équilibrés, si parfaitement assortis, qu'on peine à croire que tout cela ait pu concorder par le plus pur des hasards : force de gravitation, force électromagnétique, vitesse de la lumière, constante de Planck, masse des protons, neutrons, électrons, vitesse d'expansion, etc. Tant de « réglages » si extrêmement fins, et si nécessaires, que, si un seul devait varier, aucun espace, et encore moins vie, ne serait possible.

Tout cela pourrait-il n'être que le produit du plus pur et aléatoire agencement de la vie…

Là-dessus, la science n'offre pas de « preuve » mathématiquement absolue. Si elle est parfaitement à même de nous démontrer l'existence de toutes ces constantes fondamentales, elle ne nous permet pas de savoir si elles ne sont que le résultat d'un enchaînement d'événements plus qu'extrêmement peu probables, ou celui d'une conscience intelligente. Encore une fois, la science explique *comment* ça existe, non pas *pourquoi* ça existe. Et c'est peut-être là qu'alors la religion intervient. Celle-ci ne prétend en rien enseigner les conditions matérielles et scientifiques de notre existence sur Terre, mais, pour le coup, elle a la prétention de révéler le sens de cette dernière, d'éclaircir son origine, sa portée. Et cette réponse, cette piste que la foi propose, c'est bien entendu : Dieu.

Qu'est-ce que Dieu (pour les croyants) ?

Vaste question. Est-ce une énergie ? Un besoin ? Un concept ? Une idée ? Une personne ? La meilleure façon de (commencer à) présenter Dieu, c'est de rappeler qu'il est surtout une constante dans l'histoire de l'humanité. L'homme ne s'est jamais contenté de la stricte observation du monde pour se l'expliquer, pour le comprendre. Au fil des siècles, il a cherché à remonter la chaîne de causalité des événements qui l'ont mené sur Terre, à se demander non pas seulement comment se maintenir en vie, mais pourquoi il était en vie. Et pour ce faire, son réflexe a toujours été l'interprétation, au-delà de la simple observation.

En combinant sa perception du monde à sa spiritualité naturelle, cet élan d'abandon, ce petit saut dans le vide de la confiance, il a progressivement repéré des signes, des symboles, des parallèles, et a associé certains éléments naturels, certaines valeurs, certaines vérités à des figures supérieures bientôt identifiées comme divines. C'est là, vous l'aurez reconnu, le polythéisme. Dans l'histoire, on l'a vu paraître absolument partout, à Babylone, chez les Romains et les Grecs, mais aussi en Inde, en Amérique et dans les îles les plus reculées du Pacifique. Aux quatre coins du globe, on a vu naître une pluralité de divinités, associées à des domaines et compétences particulières. On peut ainsi distinguer les dieux et déesses associés à des événements naturels (tempêtes, orages, tremblements de terre, saisons), ceux capables de répondre aux interrogations existentielles et métaphysiques des hommes (paradis, enfer, au-delà...), et enfin les divinités incarnant les valeurs à partir desquelles ces civilisations se sont construites (force, intelligence, amour, courage...). Le polythéisme est donc une construction logique, qui correspond à des questionnements naturels et à des intuitions spirituelles. À travers les panthéons de divinités et leurs mythes, les hommes ont ainsi pu répondre à des questions astronomiques, médicales, météorologiques ou encore morales qui, au fil des siècles, les ont édifiés en sociétés.

Cela a-t-il à voir avec les croyants d'aujourd'hui ?

Peut-être plus qu'on ne le croit ! Cela n'en a sûrement pas l'air, mais à travers ces mythologies, ces récits explicatifs et articulés du monde, les païens vivaient des choses similaires à celles que vivent les croyants de notre époque. Au fond, Dieu leur parlait aussi en leur cœur mais ils le comprenaient différemment, d'une façon qui était propre à leur vécu et à leur temps : chacun comprend le monde à travers les lunettes culturelles qui sont les siennes. C'est le cas aujourd'hui, et ça l'a toujours été.

Comment, alors, en est-on arrivé à ne plus croire qu'en un Dieu ?

Les tout premiers êtres humains à avoir cru en un Dieu unique appartenaient à un petit peuple, assez marginal pour son époque, il y a trois à quatre mille ans, vivant en Palestine… Vous l'aurez deviné, c'est le peuple hébreu. Détail intéressant : contrairement à ce qu'on pourrait avoir en tête, la transition s'est faite petit à petit. L'idée qu'il n'existait qu'un seul dieu est arrivée progressivement, ça n'a pas été le cri soudain d'un illuminé. À l'origine, la Bible présentait elle-même Dieu comme le dieu du peuple d'Israël, certes, mais malgré tout un dieu parmi les autres. Cette transition méconnue correspond à ce qu'on appelle l'hénothéisme : une transition entre polythéisme et monothéisme, où le Dieu unique n'est pas perçu comme le seul mais comme le meilleur. S'établit alors une forme de hiérarchie entre les peuples et les dieux : le dieu des Hébreux pouvait être considéré comme meilleur que le dieu des Babyloniens, sans pour autant que cela implique de nier l'existence de leur dieu. Puis ces croyances, mélange de tentatives d'explications par la raison et d'élans spirituels profonds, ont mué assez rapidement, notamment grâce au témoignage des différents prophètes et patriarches dont la Bible nous narre les histoires, pour aboutir au monothéisme que l'on connaît : il n'existe qu'un seul et unique Dieu. Et c'est de là que Dieu a cessé d'être le dieu de « nous sauf tous les autres » pour devenir le Dieu « de tous ».

D'où vient le monothéisme des Hébreux ?

Dans un premier temps, la figure de Dieu a été comprise et analysée à travers des récits, des intuitions, des paroles transmises. En effet, lorsqu'on parle de Dieu, on se place dans le champ de l'impalpable. On ne peut pas se poser la question de sa définition en cherchant à travers le prisme des méthodes scientifiques modernes. Cela ne veut pas pour autant dire qu'il faille placer Dieu au même niveau que tous les concepts qui n'entrent pas dans la démarche scientifique et le confondre avec le domaine du surnaturel ! Si Dieu a en commun avec les trolls, les lutins et les fantômes de voir son existence contestée et débattue, il est très différent d'eux sur un point crucial : son existence est un objet philosophique, et elle a déjà été établie par les plus grands noms de la philosophie…

ce qui, *a priori*, n'est pas le cas des trolls ou des licornes !

Dieu n'est pas si « incrédible » que ça.

Au fil de l'histoire, différents auteurs nous ont donné les preuves philosophiques de l'existence de Dieu. Cela ne veut pas dire qu'elles sont inattaquables : certains se sont amusés à les réfuter, comme Emmanuel Kant, par exemple – quoique ce dernier, qui ne cherchait qu'à éprouver les limites de la rationalité humaine, n'a pas vraiment invalidé l'hypothèse de l'existence de Dieu. Comme il l'écrit dans *La Religion dans les limites de la simple raison*, dès lors qu'on parle de foi, on ne peut plus utiliser les outils de la raison. Quand on aborde des questions métaphysiques (au-delà du mesurable et du palpable) vient forcément un moment de saut, de confiance, où l'on renonce à pouvoir établir toute la vérité par la logique. Et si l'on peut certes avancer quelques arguments pragmatiques et rationnels pour pointer les silences de la foi, vient un moment où l'on ne peut que constater que de tels raisonnements ne peuvent pas la désamorcer.

La philosophie pour étudier Dieu ?

Assurément, et d'autant plus quand on sait qu'elle n'est pas tant la science de la vérité que celle de la raison. La philosophie ne cherche pas à tout étiqueter vrai ou faux, mais à construire des raisonnements qui se tiennent, à proposer des lectures solides et cohérentes du monde. Plus que toute autre discipline, elle nous aide depuis l'Antiquité à mieux expliquer ce que les peuples précédents ne parvenaient à exprimer qu'au moyen de narrations mythiques. Ainsi, elle est un véritable outil de la foi. En cherchant à répondre aux questions de la vie de façon argumentée, elle a tout d'abord décrit et analysé le monde visible, avant d'aborder les sujets de l'inquantifiable, de l'imperceptible. Ces objets d'analyse, par définition moins facilement observables, relèvent en grande partie de l'intangible, mais n'en sont pas moins étudiables : la liberté, l'amour, la condition humaine, le mal… et forcément, nos origines. L'approche philosophique, qui repose sur des raisonnements construits, a donc pu compléter et affiner ce que les croyants avaient reçu par « révélation » et déjà élaboré par l'intuition et l'observation. Par des arguments rationnels, par des chemins de pensée articulés, les croyants ont ainsi pu sortir du champ exclusif des mythes pour entrer dans une rationalité plus explicite du monde qui les entourait.

On pourrait rétorquer que les philosophes ne sont pourtant jamais tombés d'accord sur ce qu'était Dieu. Et c'est vrai, d'une certaine manière. Encore aujourd'hui, il existe des façons de comprendre Dieu très diverses : Dieu comme un grand architecte, Dieu comme un Père aimant, Dieu comme le parfait juge moral, ou encore Dieu comme une énergie supra-intelligente… Mais derrière ces différentes modalités, on peut en réalité distinguer un réel tronc commun.

Nos dieux, aussi différents soient-ils, sont en fait un peu tous des cousins philosophiques. En effet, aussi surprenant que cela puisse paraître, toutes nos représentations actuelles de Dieu sont issues d'une seule et même grande thèse philosophique... celle d'un petit étudiant de philosophie de la Grèce antique. Sa démarche : chercher à comprendre comment le monde a pu naître en remontant aussi loin que possible dans son histoire, et donc jusqu'à l'infini. Ainsi, il pose l'hypothèse d'un dieu unique préexistant à toute chose. Un être avant tous les autres, qu'il va appeler le « premier moteur » (ou « premier principe »). Il s'appelait Aristote, il fut l'étudiant de Platon, et il deviendra le précepteur d'Alexandre le Grand.

Le premier moteur, c'est la « cause » de toutes les autres causes, c'est ce qui a entraîné le mouvement de tous les autres mouvements ultérieurs. Un Dieu qu'on peut assimiler au doigt qui pousse le tout premier domino, à la cause originelle... Pour le dire en quelques mots : il fallait bien qu'il y ait quelque chose, une impulsion, une action, pour mettre en branle toute la chaîne d'événements qui a conduit la matière à exister jusqu'à nous. Cela paraît d'une simplicité déconcertante, et pourtant, c'est évident.

L'intuition d'Aristote a fait école. Depuis, la philosophie continue à travailler à partir de cette réalité nécessaire, qu'il existe une entité antérieure à toutes les autres, cause du mouvement et donc de l'être de toutes les autres : un être qui a permis l'existence de tous les autres, l'Être premier. Cependant, certains pourraient faire valoir que remonter dans le temps à l'infini est certes un cheminement logique, une expérience de pensée intéressante, mais pas une preuve. Cela peut s'entendre, mais il se trouve que, précisément, d'autres penseurs ultérieurs ont tâché d'affiner cette réflexion, et d'établir des sortes de démonstrations de l'existence de Dieu. Parmi les plus connus, on compte saint Anselme, saint Thomas d'Aquin et aussi René Descartes.

Le chemin de pensée d'Anselme :

Saint Anselme de Cantorbéry, moine bénédictin du XIe siècle, reprend d'une certaine façon l'argument aristotélicien, et cherche lui aussi à remonter à l'infini : Dieu étant la cause de toutes les autres causes, c'est lui qui permet à tous les êtres d'exister. Il est donc l'Être parfait, celui qui préexiste à tous les autres et qui leur donne l'être. (Notons que lorsque l'on dit que Dieu est l'Être « parfait », en philosophie, on ne l'entend non pas premièrement dans le sens moral, mais dans un sens de complétude. Il est l'être totalement « accompli ».) Dieu étant parfait, il doit être parfait dans toutes les dimensions, sa perfection doit elle-même être « parfaite ». Il faut donc qu'elle soit perfection et dans l'existence et dans l'imagination, sinon, si elle ne l'était que dans l'une de ces dimensions, et pas dans l'autre, elle ne saurait être « parfaite ». Une chose parfaite dans l'imagination qui ne le serait pas dans l'existence ne serait pas aussi parfaite que si elle l'était aussi dans l'existence. Par conséquent, Dieu étant parfait, il ne peut pas n'être parfait que dans nos imaginaires, il doit aussi être « parfait » dans la réalité. Ainsi, Dieu étant l'être parfait, il existe aussi dans la réalité. Et cette logique ne peut être valide que pour l'objet philosophique que représente Dieu, vu qu'un objet autre, réel ou imaginaire (comme une licorne), n'étant philosophiquement pas la « cause des causes », ne saurait être nécessaire.

Bien joué Anselme !

On a là un argument rhétorique infaillible… qui n'a d'ailleurs pas tant été conçu pour convaincre des non-croyants que pour aider les chrétiens à s'assurer de Dieu ! Lorsque Anselme produit ce raisonnement, il cherche avant tout à aider ses jeunes frères moines pour les consolider dans leurs moments de doute face à Dieu.

Les voies de saint Thomas.

Saint Thomas d'Aquin, moine dominicain du XIIIe siècle, va quant à lui formuler plusieurs propositions d'un ordre différent. En plein milieu du Moyen Âge, il révolutionne la théologie en relisant la tradition chrétienne au prisme de pensée de la philosophie d'Aristote, rapportée alors par les Arabes. Comme ce dernier en son temps, il va chercher des preuves de Dieu dans la contemplation de l'ordre du monde et de son parfait agencement. Pour lui, dans la façon dont la nature trouve toujours moyen d'atteindre un équilibre, de se rétablir, il y a comme la marque évidente d'une main invisible et bienfaisante… À partir de ce constat, il établit cinq voies pour tenter de prouver l'existence de Dieu. Ainsi, il en développe deux sur la question de la causalité, une sur la question de la nécessité, et les deux dernières sur la question de la perception. Thomas procède de la même façon pour ses cinq voies (ou preuves) : il constate un aspect de notre réalité ou de notre identité, et par une réflexion par antériorité, il cherche à déterminer la source de ce phénomène, sa « cause première ». Il y a par nécessité un être nécessaire qui a rendu possibles toutes les choses contingentes que nous expérimentons… et, surprise : chaque fois, Thomas d'Aquin aboutit à l'évidence, Dieu.

La démonstration de Descartes.

Philosophe du XVIIe siècle, René Descartes est un chrétien engagé, mais cela ne l'a pas empêché de tout remettre en cause (y compris la foi et la religion !). Concernant l'existence de Dieu, il reprend l'argument d'Anselme, qu'il affine à la sauce « doute méthodique », sa spécialité. On ne peut pas faire l'expérience de Dieu, et pourtant, nous en avons tous la conscience. Donc si l'on est capable d'envisager l'infini alors que l'infini n'est pas de ce monde, qu'autour de nous rien de ce que nous expérimentons n'est infini, c'est que l'idée d'infini a été imprimée en nous par quelque chose, ou quelqu'un, et qu'elle nous vient bien de quelque part... À l'évidence, l'Être premier, le moteur à l'origine de tout : Dieu.

Bien que résumés ici particulièrement rapidement, sans laisser transparaître les subtilités et complexités qu'ils sous-tendent, ces trois raisonnements logiques se tiennent parfaitement. Cela dit, s'ils ont aidé ceux qui étaient déjà en chemin à être encore davantage confiants dans l'existence de Dieu, ces arguments peuvent-ils pour autant être reçus comme des preuves ? Pas sûr, car ils ne visent pas à convaincre ceux qui croient fermement en la non-existence de Dieu. Ce sont des propositions, humbles, qui permettent avant tout de consolider la foi de ceux qui reconnaissent en eux ce besoin naturel d'avoir confiance en Dieu.

De leur côté, Freud, Nietzsche et Feuerbach ne cherchent pas à prouver l'inexistence de Dieu – qui serait, comme pour tout objet de réflexion, encore moins prouvable que son existence ! – mais ils établissent des systèmes de démonstration de l'absence de Dieu. Ils n'étayent pas tant le fait qu'il n'a jamais été là que le fait qu'il n'est pas là, et notamment pas là où il serait attendu. Ils sont qualifiés régulièrement de « pères de l'athéisme moderne », mais peut-être serait-il en fait plus opportun de les reconnaître comme « pères de l'antithéisme »...

Pourquoi les philosophes s'intéressent-ils à la question de Dieu ?

Les philosophes qui cherchent à prouver l'existence de Dieu ne sont pas des illuminés intégristes, et leurs adversaires ne sont pas forcément (que) des bouffeurs de curés ! Pour l'immense majorité des philosophes, la question de Dieu n'est pas tant celle de la religion que celle de savoir si notre monde est un pur produit du hasard ou non. En somme, le dieu des philosophes n'est ni Allah, ni Bouddha, ni le Dieu des chrétiens… mais un Dieu « moteur », une cause nécessaire, une entité abstraite, qui pose la question de l'origine du tout. Certains ont tenté de le prouver, d'autres ont cherché à rationaliser le constat de son absence, mais dans tous les cas, tous les philosophes ou presque se sont attaqués à la question de Dieu à travers l'interrogation sur nos origines. Et le fait que la question se pose et n'a pas encore abouti aujourd'hui à une réponse unanime hors du prisme des « révélations sacrées » tend à montrer que le débat est toujours pertinent. Il y a encore le besoin partagé d'une vérité à découvrir, d'un manque à combler, d'un sens à dévoiler.

L'alternative qui s'offre à nous pourrait donc se résumer ainsi. Soit l'on croit que toute la beauté du monde, toute la complexité de l'univers autant que de nos relations, et tout l'amour dont on est capable ne sont que le fruit du hasard. Soit l'on reconnaît que tout ce que nous partageons n'est ni anodin, ni contingent, ni fortuit, et que tout découle d'un plan désiré et orchestré. Mais si l'on adopte la théorie « hasard », il faut aussi admettre qu'on ne sait pas (et accepter donc ne pas savoir) comment on a pu passer du « rien » au « premier », du néant à la toute première poussière de matière, puis à la toute première étincelle de vie… Si l'option « dessein » a peut-être plus de crédit pour parvenir à une réponse pleine et entière, c'est un choix qu'il revient à chacun de poser…

D'accord, admettront certains, mais quand bien même il y aurait une volonté qui nous dépasse… pourquoi croirait-on qu'elle vient du Dieu des chrétiens plus que d'un autre ?

Chapitre 5

Qui est le Dieu des chrétiens ?

Dans les pages précédentes, on a cherché à présenter le dieu des philosophes, la définition universelle de ce que tout homme peut reconnaître derrière le « concept » de dieu, mais ce n'est donc pas forcément le Dieu d'amour des chrétiens : il ne s'agit pas de les confondre ! En effet, le dieu des philosophes n'est perçu que comme un moteur nécessaire : il n'est pas forcément bienveillant, la question de ses intentions reste en suspens. En contraste, celui des chrétiens n'est pas pensé comme neutre, mais comme profondément Bon. – Et si, certes, le Dieu de l'Ancien Testament peut être vu comme sévère, voire violent, on constatera que cela peut largement s'expliquer par des éléments historiques, culturels et interprétatifs. Cela ne contredit en rien l'idée d'un Dieu judéo-chrétien qui serait (comme il se présente lui-même) : l'Amour.

Comment le sait-on ?

Reconnaissons-le, même si l'on admet l'existence de Dieu, reste la question de savoir comment on peut être certain qu'il est bien conforme à ce qu'en disent les chrétiens, qu'il a bien créé le monde par bonté et non pas dans une autre intention. Quand on voit tout le mal, toutes les souffrances et les injustices qui existent dans le monde, comment croire que tout cela a pu être créé (ou du moins autorisé) par un Dieu qui ne serait que pur amour ?

C'est une question très pertinente, que l'on se pose d'autant plus quand on lit la Parole de Dieu. En effet, dans l'Ancien Testament, la première partie de la Bible que les chrétiens partagent avec les juifs, Dieu peut parfois nous sembler revanchard, belliqueux, voire franchement colérique : loin d'un Dieu de charité ! On peut ainsi penser à l'épisode du Déluge, raconté comme une vengeance (en apparence) – un acte de folie. Le moins que l'on puisse dire, c'est que Dieu n'a pas l'air d'y agir par amour ! Cependant, tout cela n'est sûrement que le résultat d'une compréhension très humaine (d'une société d'il y a trois millénaires), révélatrice de nos fragilités à nous plus que de sa nature profonde à lui. Peut-être simplement que si l'épisode a été raconté ainsi à l'époque, c'est parce que ceux qui l'ont narré n'étaient pas encore en mesure de l'interpréter autrement.

En effet, au lieu de voir ce Dieu comme un punisseur, colérique, on peut le considérer comme un pédagogue, se comportant avec les hommes comme un père avec ses enfants. Et cela fait alors sens avec ce qui se raconte de lui depuis le début : dès les tout premiers textes bibliques, Dieu est perçu par les hommes comme une figure parentale. Ainsi, on le désigne souvent par l'expression « le Dieu d'Abraham, d'Isaac et de Jacob », soulignant sa logique d'adoption et son projet de transmission.

En même temps, certains feront remarquer que le Déluge, question pédagogie, c'est vraiment une méthode à l'ancienne…

Il y avait peut-être une forme d'incompréhension, de doute latent chez les croyants qui nous ont apporté le récit de la Genèse. Pendant mille cinq cents ans, le peuple hébreu a semblé perpétuellement osciller entre la reconnaissance envers Dieu pour ses bienfaits, et la récrimination pour ses absences, ses silences, ses manquements. D'où, peut-être, les différences flagrantes entre le Dieu dépeint dans l'Ancien Testament et celui du Nouveau Testament – la partie de la Bible spécifique aux chrétiens, qui commence avec l'histoire de Jésus. D'ailleurs, n'est-ce pas précisément parce que les croyants doutaient, étaient divisés, ne savaient pas toujours reconnaître Dieu et son œuvre, que celui-ci a décidé de s'incarner ? Et ce, de façon éminemment déconcertante, car si l'arrivée du Messie, la présence de Dieu sur Terre, était attendue depuis longtemps, qui aurait pu l'imaginer sous la forme d'un homme ordinaire, voire d'un bébé ?

Et pourtant, c'est bien ainsi que le Tout-Puissant s'est révélé : dans la figure la plus pauvre et la plus simple qui soit, celle d'un petit enfant, nu, dans une étable, aussi démuni que nous l'avons tous été à la naissance – alors que d'aucuns se seraient attendus à une pluie d'étoiles, un roi, un empereur, des comètes ! Ce choix était si étonnant, si improbable pour les Hébreux de l'époque qu'il a été mal compris en son temps. Il faudra attendre quelques années pour que les chrétiens finissent par reconnaître unanimement Dieu en Jésus, et comprendre qu'il a bel et bien accompli ses promesses à travers lui.

Pourquoi Dieu, le Créateur, choisirait-il de se faire homme ?

S'incarner dans les mêmes conditions que nous, être soumis aux mêmes trivialités que nous, dans un corps aussi limité que le nôtre, n'est-ce pas une vision paradoxale et très anthropo-centrée ? Il est plus que légitime d'avoir du mal à comprendre pourquoi Dieu s'est fait homme : cette pensée semble avoir tout de contre-intuitif… Et pourtant ! N'est-ce pas précisément parce que Jésus, à l'origine, n'était qu'un tout petit bébé démuni dans une étable, que la vie qu'il a menée par la suite fut à ce point hors du commun ? En trente-trois années d'existence, il n'y a eu que trois années de ce que l'on a appelé sa « vie publique », c'est-à-dire l'époque où il a répandu la Parole de Dieu et s'est fait reconnaître comme Fils de Dieu. Et durant ces trois années, le nombre de miracles, de conversions, de leçons qu'il nous a livrés est tout bonnement stupéfiant.

Au fond, que nous dit la Bible de ce fameux Jésus ?

Né en Palestine il y a deux mille ans, de la Vierge Marie, Jésus de Nazareth est une figure d'une immense importance religieuse bien sûr, mais aussi historique, puisque son existence a été attestée par nombre de ses contemporains (y compris non juifs et non chrétiens). Dès sa conception, il connaît un destin extraordinaire. L'Évangile de Luc nous rapporte ainsi que Marie aurait été visitée par un ange, Gabriel, le messager de Dieu, venu lui annoncer qu'elle allait enfanter le Fils même de Dieu – annonce à la suite de laquelle cette dernière tomba enceinte de Jésus.

Sa naissance a eu lieu dans une étable, à Bethléem, où sont venus lui rendre visite des mages guidés par une étoile, qui ont été les premiers, avec les bergers du voisinage, à reconnaître en lui la figure du Sauveur. Notons d'ailleurs que Jésus et Emmanuel, son deuxième prénom, signifient respectivement « Dieu sauve » et « Dieu avec nous ».

Ensuite, la Bible n'évoque quasiment aucun autre passage de l'enfance de Jésus, et ne se concentre que sur son ministère public, ces trois années au cours desquelles il prêcha la Bonne Nouvelle de Dieu,

« l'Évangile » : l'importance de changer nos cœurs et de vivre selon la loi de l'amour parfait. Ce n'est pourtant pas pour cette prédication qu'il fut surtout connu, mais plus pour ses actes, les miracles de guérison qui lui ont valu d'attirer l'attention des foules et d'être suivi par des milliers de fidèles. En effet, Jésus n'était à l'époque pas tant reconnu pour ce qu'il enseignait que pour tout ce qu'il a fait pour les hommes, l'ensemble de ses actions, que l'on peut résumer en trois piliers : miracles, guérisons et exorcismes. C'était, reconnaissons-le, en plus de sa prédication du Royaume des Cieux pour tous, son aspect le plus évident, celui qui faisait le plus l'unanimité, ce qui attirait les gens vers lui. En revanche, ses disciples les plus sincères, ceux qui ont tout lâché pour lui et qui l'ont accompagné jusqu'au bout, ne l'ont pas suivi exclusivement par fascination pour ses miracles : ceux-là ont reconnu en lui la figure annoncée par les prophètes, celle de l'incarnation du Dieu parfait.

On le sait, l'histoire prend vite une tournure dramatique pour Jésus, considéré comme un fauteur de troubles par les autorités juives et romaines de l'époque qui voient en lui une menace politique. Dénoncé à Jérusalem par Judas, l'un de ses apôtres, ses plus proches amis, Jésus est arrêté, jugé, condamné et mis à mort... Non pas par les Romains, mais par ses frères, les Juifs eux-mêmes. En effet, ceux-là mêmes qui l'ont encensé à son arrivée à la capitale une semaine plus tôt (ce que les chrétiens commémorent par la célébration des Rameaux) sont aussi ceux qui l'ont mis à mort. D'une certaine façon, les expériences des psychologues des années 1960 sur l'effet de groupe avaient déjà eu lieu à Jérusalem deux mille ans auparavant ! Emporté par la masse, l'homme est capable de se retourner en un rien de temps...

Après l'humiliation d'avoir dû porter lui-même, nu, l'instrument de sa propre mort, après une torture sans pareille et des heures d'agonie, Jésus expira par crucifixion, la sentence la plus basse, la plus atroce, réservée aux pires criminels. En effet, la mort sur une croix n'est pas tant causée par les plaies, que par l'asphyxie, après des heures et des heures de souffrance et de pression sur un corps dont tout le poids porte sur la cage thoracique. Pourquoi se laissa-t-il mourir, pourrait-on se demander ? Pourquoi Dieu accepterait-il une agonie aussi humiliante ? C'est d'ailleurs ce que certains lancèrent à Jésus sur sa croix : si tu es Dieu, pourquoi ne te sauves-tu pas ? (Lc 23, 39)

Eh bien, c'est peut-être en fait précisément pour ça que Jésus est venu sur Terre. Pour nous montrer qu'il nous aime tellement, qu'il est à ce point un Dieu d'amour, qu'il est prêt à mourir comme les hommes, pour les hommes, et à leur offrir sa vie. C'est un peu vertigineux, et pourtant c'est bien ce qui arriva : la vie entière de Jésus dessine un parcours d'amour, de don, de partage avec les hommes et les femmes, y compris et peut-être même plus que jamais dans sa mort.

Une fois son dernier souffle rendu, Jésus est porté au tombeau. Et ce n'est que trois jours plus tard, après la fête de la Pâque juive, qui empêchait ses contemporains de retourner s'occuper de lui, prendre soin de sa dépouille, que quelques-unes de ses amies se rendent au tombeau, l'ouvrent, et constatent les premières l'absence du corps de Jésus. Lui qui était mort sur la croix n'était plus là ! Mais quelques instants après, une silhouette approcha… C'était Jésus, ressuscité. Par ce retour à la vie, il témoigne de ce qu'il promettait à tous les hommes. Il prouve la Bonne Nouvelle, celle de la Résurrection de tous au dernier jour. Et une nouvelle fois : il se révèle aux hommes comme un Dieu d'amour.

Jésus se manifesta ainsi pendant plusieurs semaines, tant auprès de ses disciples qu'auprès d'autres témoins pas forcément chrétiens, allant jusqu'à montrer les plaies de ses cicatrices, appelées stigmates, pour leur prouver son identité. Tous les témoins attestent son apparence légèrement différente, plus rayonnante. Et après plusieurs semaines, Jésus vécut ce que la Bible qualifie d'Ascension, sa montée définitive au Ciel pour y préparer la place qu'il nous promet à chacun.

Un parcours de vie certes hors norme… Mais de là à le reconnaître comme celui de Dieu ?

Dieu n'aurait pas pu accepter de mourir !

Il n'y a en effet pas d'évidence à reconnaître Dieu en Jésus à la simple lecture de sa vie. Même certains disciples ont eu du mal à reconnaître ce qu'il était lorsqu'ils l'ont eu en face d'eux, Ressuscité. Et pourtant, c'est bien ainsi qu'il s'est révélé, et que même les plus sceptiques, comme saint Thomas (l'apôtre), l'ont reconnu (Jn 20, 28).

Mais si l'on veut comprendre qui est le Dieu des chrétiens, peut-être faut-il essayer d'aborder ce qu'est la Trinité.

À la fois l'un des « concepts » de la foi chrétienne les plus difficiles à approcher, et en même temps assurément le plus essentiel... Pour le dire en quelques mots, accepter l'idée de la Trinité c'est avoir confiance que Dieu est un, unique, mais qu'il existe en trois personnes : le Père, le Fils et le Saint-Esprit, trois figures, trois visages de Dieu si l'on veut, qui sont tous pleinement Dieu, et ne forment en même temps qu'un. Et ça, personne n'y était préparé à l'époque de Jésus. Beaucoup ne l'ont pas compris.

Jésus n'est pas seulement le Fils de Dieu : il *est* Dieu. Dans la Bible, on le voit ainsi à plusieurs reprises déclarer : « Moi et le Père nous sommes un » (Jn 10, 30). Forcément, cela pose question...

Comment peut-on croire en un Dieu unique qui se serait fait homme et qui existerait en trois personnes différentes ?

Pour les contemporains de Jésus, c'était déjà une réelle complexité, et très vite cela a fait l'objet de contestations, de tensions, d'hérésies. Était-il vraiment homme, vraiment Dieu, moitié l'un moitié l'autre ? Et que dire de la figure de l'Esprit saint, plus énigmatique encore ?

La Bible donne à voir plusieurs fois ce mystère trinitaire (comme au baptême de Jésus, sur la croix, ou encore pendant ses apparitions Ressuscité), mais ne l'explique jamais, ne nous en donne pas une rationalité claire. Le moins que l'on puisse dire, c'est que les croyants se sont très vite écharpés là-dessus. Et, paradoxalement, c'est autour de ces désaccords que la foi chrétienne s'est construite et affinée. En effet, c'est à force de schismes, de dissensions entre les premiers disciples, que les dogmes ont fini par mieux être creusés. Face aux contestations, les premiers chrétiens ont dû redoubler d'efforts pour toujours mieux comprendre ce qui leur avait été révélé…

Deux grandes hérésies, c'est-à-dire des courants dont la théologie s'est révélée moins logique et cohérente que celle qui a été finalement retenue, ont été particulièrement importantes au début de cette histoire, parce que en affirmant que Jésus n'était pas Dieu, elles ont permis aux chrétiens de s'interroger toujours plus, et ainsi de mieux comprendre qu'il l'était bel et bien :

L'arianisme et le docétisme.

Ces deux doctrines avaient en commun de refuser de voir en Jésus l'entièreté de Dieu. Ainsi, entre le

IIIe et le IVe siècle, le prêtre Arius, qui a donné son nom à l'arianisme, abordait la figure de Jésus comme une sorte de demi-dieu, de créature meilleure, et première, par rapport à toutes les autres, mais qui n'était pas Dieu pour autant. De son côté, le docétisme, du grec *dokein*, qui signifie « paraître », établissait que Jésus avait pris l'apparence de Dieu, mais n'était pas vraiment Dieu sur Terre : en quelques mots, ce n'est pas parce que Jésus avait un corps qu'il était vraiment homme et/ou vraiment Dieu. À leurs yeux, son humanité était une illusion, son entité corporelle une sorte de projection. Un peu comme un hologramme.

Les positions arianistes et docétiques, selon lesquelles Jésus n'est pas vraiment Dieu, furent appuyées par le fait qu'on voit plusieurs fois Jésus s'adresser à celui qu'il appelle son Père dans la Bible, et notamment lorsqu'il le prie la veille du jour de sa mort, la Passion. Autre difficulté : Jésus évoque fréquemment l'existence de l'Esprit saint, un consolateur, un protecteur, son propre Esprit potentiellement déployé partout sur Terre, auprès de tous. Mais alors, comment pourrait-il être la même entité que son Père et que l'Esprit saint, s'il éprouve le besoin de prier l'un et de parler de l'autre comme d'une présence propre, mais à part ?

Il aura donc fallu l'existence de ces diverses hérésies (arianisme, docétisme, mais aussi trithéisme ou encore nestorianisme) pour que les hommes s'approprient et comprennent mieux le mystère en le mettant à l'épreuve. Après toutes ces remises en cause, il est apparu évident que l'explication la plus juste, la vérité la plus légitime (au vu du témoignage que Jésus avait laissé et du salut qu'il nous permet) est qu'il était à la fois pleinement homme et pleinement Dieu, et que Dieu est bien trois : Père, Fils et Saint-Esprit. D'un côté le Père créateur, d'un autre le Fils qui se donne pour les hommes, jusqu'à sa vie, et enfin le Saint-Esprit, le Défenseur (invisible) que l'on peut invoquer, recevoir, et qui nous accompagne chacun dans notre quotidien. Trois facettes d'une même entité, donc : Dieu. Le Père, à l'origine de tout, Jésus le Fils, sa Parole faite chair, et le Saint-Esprit, l'Esprit même de Dieu qui par le Christ est infusé au cœur de chacun.

Sacré concept, tout de même, trois personnes en une seule…

C'est sûr, cette idée semble échapper à notre entendement ! Comment une personne peut-elle être triple ? Et pourtant, c'est bien à la fois ce qui est révélé et ce qui paraît le plus cohérent avec le message de la Bible. Voilà la carte d'identité du Dieu des chrétiens : un Dieu à trois visages.

Pour mieux le comprendre, on pourrait invoquer l'image du masque. En grec ancien en effet, on utilisait le même mot pour parler de « masque » et de « visage », et cette ambivalence est assez appropriée au cas de la Trinité. En effet, *prosopon*, visage/masque en grec donc, est aussi le terme qui nous a donné le mot « personne » en français. On a donc cette idée que derrière une multiplicité de masques, de visages, peut se cacher une seule et même personne. De la même façon, les trois visages de Dieu sont en quelque sorte les trois reflets d'une unique nature.

Mais attention avec l'image du masque : Dieu ne porte pas l'un puis l'autre. Il n'est pas, telle l'eau tantôt liquide, tantôt gazeuse, tantôt solide, tantôt le Fils, tantôt le Père, tantôt le Saint-Esprit. Non, il est les trois à la fois. Contrairement à ce qu'affirmait une autre hérésie, nommée le modalisme, Dieu n'apparaît pas sous différentes modalités à intervalles plus ou moins réguliers. Lors du baptême de Jésus, recensé par les quatre Évangiles, c'est bien la Trinité tout entière qui était présente.

La complexité avec la Trinité, c'est qu'à première vue, ça ne ressemble à rien de connu…

En effet ! L'une des difficultés que l'on rencontre lorsqu'on cherche à la comprendre, c'est qu'on est souvent tenté de la traduire par des images de notre monde matériel, alors que Dieu ne peut pas être observé, qu'il n'est pas perceptible comme on l'entend pour une personne « classique » ou un objet. On compte malgré tout de nombreuses tentatives d'illustration de ce qu'il est dans sa nature trine. Ainsi, les premiers théologiens de l'histoire, « les Pères de l'Église », ont eu tendance à comparer le Père au soleil, le fils au rayon et l'Esprit saint à la chaleur qui subsiste même lorsque la lumière n'est plus là. Si cette illustration est belle, elle porte un écueil : le risque de suggérer comme une hiérarchie entre les trois... Alors même que précisément il n'y en a pas : chacun des trois est Dieu, pleinement.

On peut évoquer une autre image intéressante, celle de l'auteur du *Monde de Narnia*, C.S. Lewis, qui était aussi un véritable théologien. L'écrivain propose ainsi de comparer la Trinité à un cube, défini par sa largeur, sa hauteur et sa profondeur. En effet, le cube existe grâce à ces trois dimensions et, par ces trois dimensions tout à la fois. Il suffit qu'on lui retire l'une des trois pour que le cube ne soit plus, et qu'on n'ait plus affaire qu'à un carré. Chacune de ces dimensions existe distinctement l'une des autres, mais est inséparable des deux autres pour former le cube. Comme Dieu, en fait... L'avantage de cette illustration est qu'elle montre bien comment une réalité peut être faite de trois composantes nécessaires, et distinctes les unes des autres.

Mais là encore, on est sur du matériel... Or Dieu est avant tout Esprit !

D'autres analogies ont tenté de s'extraire de ce monde de la matière pour coller à l'image de ce Dieu qui se soustrait à nos yeux. On peut ainsi appeler au secours saint Augustin, grand évêque et théologien de la fin du IVe et du début du Ve siècle dans le nord de l'Afrique. Il propose une nouvelle façon d'aborder la Trinité sous un angle bel et bien spirituel, constatant que les représentations matérielles passent toujours un peu à côté. Voici son raisonnement : si nous sommes tous faits à l'image de Dieu et que la nature de Dieu est trine, alors nous devons porter en nous la trace de cette nature trinitaire. Partant de cette réflexion, il constate en effet que, en nous, la mémoire, l'intelligence et la volonté sont toutes les trois nécessaires et en même temps distinctes les unes des autres. Ensemble, elles forment le tout de ce qu'on est chacun en esprit. C'est parce que je parviens à saisir ce que j'ai en face de moi (intelligence) et que je me souviens de sa nature bonne ou mauvaise (mémoire) que je peux choisir quelle action entreprendre (volonté). C'est parce que j'agis (volonté) et parce que j'accumule dans ma mémoire mes expériences passées et leurs conséquences (mémoire) que je parviens à toujours mieux percevoir ce que je vois (intelligence). C'est parce que j'agis (volonté) et que je fais sens de ce que j'ai en face de moi (intelligence) que je réussis à apprendre petit à petit ce que telle action a comme conséquences (mémoire). Intelligence, mémoire, volonté, trois expressions du moi, donc : trois paramètres indispensables pour nous permettre d'être au monde. En somme, toutes trois ne peuvent exister les unes sans les autres, et toutes trois ensemble forment ce que chacun est. Un peu comme les trois visages de Dieu, donc.

Et c'est loin d'être aussi abstrait qu'on le pense !

Ainsi, l'humoriste Roman Frayssinet, connu pour ses sketchs vidéo sur YouTube où il se dédouble pour faire parler tantôt son angoisse, tantôt son désir, tantôt sa paresse, peut nous offrir une autre image intéressante de la Trinité… D'une certaine façon, on peut considérer qu'il nous présente différents visages, différentes facettes de sa personnalité, mais au fond, cela reste toujours lui, Roman Frayssinet. À aucun moment il ne se métamorphose, à aucun moment il ne disparaît. Et surtout, même s'il laisse le visage « angoisse » sur le côté pour faire parler le visage « désir », on sait très bien que l'angoisse reste là, cachée certes, mais présente, et qu'elle continue d'agir en Roman, et *vice versa*.

Et, nous le savons bien, nous sommes tous un peu comme ça dans la vie !

Notre expérience dans la société est une perpétuelle alternance entre nos différentes facettes. En nous se cumulent la personne qu'on est en public, celle qui fait son autocritique, la personne qu'on est profondément, et bien d'autres encore, qui forment un tout qui « est » le soi. Sans pour autant être fous ou duplices, nous faisons tous cette expérience de personnalités fluctuantes, variant selon le contexte des expériences. Il est certain que cette appréhension de ce que nous sommes, chacun d'entre nous, nous permet, avec beaucoup d'humilité, d'approcher un peu mieux l'idée d'un seul Dieu en trois personnes différentes.

Cependant, la meilleure illustration de Dieu, au fond, reste sûrement la révélation qu'en fait la Bible : un être unique (Dieu le Père), qui a une Parole (le Fils) et un Esprit (l'Esprit saint) qu'il partage avec nous. On pourrait se dire qu'une parole, ça n'est pas très pérenne, que c'est un peu flottant, mais si la parole « audible » est périssable (comme la vie de Jésus sur cette terre le fut), l'idée qu'elle porte (l'esprit) ne l'est pas. Si l'on crie « je t'aime Ludivine » du haut d'une montagne, toute la vallée va l'entendre à quelques secondes d'intervalle par écho, et même lorsque notre parole ne sera plus entendue, les habitants de la vallée la garderont en eux, et sauront que l'on aime Ludivine. Ce n'est pas parce qu'on n'est plus en train de dire l'affirmation de cet amour que cette parole n'est plus perceptible, qu'elle ne continue pas d'exister. De la même façon, la Parole de Dieu, qui ne s'est incarnée ici-bas que quelques années, demeure à nos côtés par son Esprit qui réside en nous.

Le coup du trois en un, en fait, ce n'est donc pas exclusivement pour les shampooings ! La multiplicité des visages et des expériences n'est pas si abstraite, c'est en fait une réalité dont on fait tous l'expérience.

Alors, 1+1+1=1 ?

Dit comme cela, c'est sûr, ça paraît absurde ! Dire que 1+1+1 peuvent donner une seule entité, ce n'est pas une réalité que l'on connaît, ça ne fait pas partie de notre monde observable ! Pourtant, on sait bien que le réel peut ne pas correspondre à ce qu'on en sait, nos perceptions sensorielles peuvent nous trahir, et les mathématiques nous le confirment : longtemps, on n'a connu que le système euclidien où des parallèles ne peuvent pas se rencontrer… Et puis on a revu la copie.

Depuis le XIXe siècle, et Einstein notamment, nous savons que le monde que nous percevons n'est pas qu'un repère orthonormé fait de droites, parallèles pour toujours. C'est ce que nous explique la géométrie hyperbolique, une géométrie réelle mais au paradigme différent, et la physique quantique, où la masse des objets peut agir sur les dimensions qui les entourent… et où des droites parallèles peuvent se courber et donc, potentiellement, se rejoindre. Aujourd'hui, c'est donc même mathématiquement que ce donné de la foi semble pouvoir se vérifier.

Au fond, la Trinité est très rationnelle, et encore plus peut-être si l'on suit, une nouvelle fois, la logique de la philosophie. Reprenons l'idée de Dieu comme l'Être parfait, celui qui donne l'être à tous les êtres. S'il est ainsi, il est donc celui qui « donne » aux autres d'être. Alors, il est « don » avant même d'être « être ». Or c'est par les interactions que l'on a avec les autres que l'on construit sa compréhension du monde et que l'on existe. On n'existe que par ses relations, en fait. Un « être en soi » n'existe pas : personne « n'est » tout seul. On naît par relations, puis on « est » par relations. Cela vaut pour nous tous dans nos vies… Alors pourquoi cela ne vaudrait-il pas pour l'Être premier qu'est Dieu, celui-là même qui nous a donné notre être ? Si l'être se définit avant tout par la relation, et si Dieu avant d'être « être » est « don », c'est donc que Dieu est forcément pluriel. Ne pouvant se donner l'être à lui-même, cela exige qu'il soit relation aussi. Il est donc forcément au moins trois : pour vivre une relation pleine et sincère, il faut que le lien puisse s'extraire du modèle du duo exclusif, qu'il crée, et soit lui-même dans un rapport de don. On le voit bien dans nos vies quotidiennes : un couple sera infiniment plus solide s'il nourrit de belles amitiés autour de lui, par exemple. Si l'on veut vraiment aimer, il faut être capable d'aimer l'autre pour ce qu'il est, pour ce qu'il aime, et même, dans l'absolu, s'il en aime un autre plus que nous. Ainsi, pour que Dieu soit cet être de don, de création, et d'amour dont on fait l'expérience, il faut qu'il soit trois.

On aurait pu trouver bien d'autres images encore pour parler de ce Principe si essentiel, creuser encore et encore ces développements psychologiques, mathématiques et philosophiques, mais des bibliothèques entières l'ont déjà fait, et bien mieux.

Notons juste, pour clore cette brève réflexion sur le Dieu des chrétiens, que la compréhension de la Trinité a été la clé de bien des questionnements qui semblaient irrésolvables par le passé. Par exemple, longtemps nos aînés se sont demandé comment on avait pu passer de l'unité à la multiplicité. Comment une chose peut-elle être plusieurs, selon le moment où on la prend, et pourtant rester une seule et même chose dans son identité ? Comment par exemple peut-on être bébé, puis adulte, puis mort, et en même temps être la même personne unique ? Comment une graine peut-elle être plant puis arbre, et en même temps n'avoir qu'une seule essence ? Accueillir cette révélation de Dieu, comme un en trois, permit d'apporter un éclairage nouveau sur ces réflexions, qui laissaient auparavant pantois.

La théologie n'est donc pas utile qu'en religion, elle peut même être d'utilité publique…

C'est en fait quelque chose de très franco-français de ne pratiquer la théologie qu'entre croyants. Dans d'autres pays, notamment dans le monde anglo-saxon, on reconnaît plus aisément qu'elle a des choses à apporter y compris à des personnes et domaines éloignés de la foi. Ainsi, Cambridge, Oxford et consorts ont des chaires de théologie sans être des facultés religieuses, et de nombreux non-croyants y font de la théologie. En se penchant sur la nature de Dieu et les arguments en faveur ou non de son existence, ils approfondissent de nombreuses questions philosophiques, et éclairent autant notre culture que notre compréhension de l'histoire.

Mais ce n'est pas parce qu'on étudie, voire qu'on réussit à prouver Dieu, qu'on croit en lui pour autant…

On peut tout savoir sur Lui, si ça ne reste qu'un objet de science, théorique, ça n'éclaire que bien maigrement nos vies. La connaissance est une chose, mais si l'on n'a pas confiance, à quoi bon ?

En fait, tout se joue peut-être dans un subtil équilibre entre le binôme théologie et philosophie, qui offre des supports théoriques capables de permettre le développement de notre foi, et la Parole de Dieu, qui crée et nourrit cette confiance, sans chercher à la prouver pour autant. Ce qui nous est révélé à travers ce texte sacré n'est pas une démonstration, mais sert à vivre avec Dieu sur Terre, à être heureux dans cette vie et à pouvoir pleinement jouir de la vie éternelle à venir. La Bible est composée de nombreuses petites histoires qui, à elles toutes, racontent en fait *la* grande histoire, celle de l'amour de Dieu pour nous les hommes. Elle ne dit pas tout, mais tout y est. Saint Jean l'évangéliste reconnaît lui-même qu'il n'est pas exhaustif dans ce qu'il rapporte, parce qu'il n'a pas besoin de l'être. Il nous donne l'essentiel, le nécessaire, et nous laisse y croire : « Il y a encore beaucoup d'autres signes que Jésus a faits en présence des disciples et qui ne sont pas écrits dans ce livre. Mais ceux-là ont été écrits pour que vous croyiez que Jésus est le Christ, le Fils de Dieu, et pour qu'en croyant, vous ayez la vie en son nom » (Jn 20, 30-31).

Que contient la Bible comme message, au juste ?

Pour qui n'a jamais ouvert ce petit pavé qu'est la Bible, il y a en effet de quoi se poser la question. Si l'on devait résumer les axes principaux de ce qu'elle prêche, on pourrait sûrement dégager les trois suivants :

En premier lieu, la Bible nous enseigne que chaque homme est désiré par Dieu, et que par conséquent nous pouvons vivre et agir sans crainte. Dieu est là, depuis le début. C'est grâce à lui que nous aussi, nous sommes. Et surtout, on peut avoir confiance, car c'est par sa Providence que nous sommes conduits. Cet axe, c'est l'aspect rassurant de la Bible : même si nos vies paraissent parfois absurdes, sombres, désespérées, on peut toujours avoir confiance dans le fait que Dieu nous a voulus sur Terre chacun personnellement, et qu'on n'a pas à avoir peur, parce qu'il ne nous lâchera pas.

« Il nous a choisis, dans le Christ, avant la fondation du monde, pour que nous soyons saints, immaculés devant lui, dans l'amour » (Ép 1, 4).

« C'est le Seigneur qui marchera devant toi, c'est lui qui sera avec toi ; il ne te lâchera pas, il ne t'abandonnera pas. Ne crains pas, ne t'effraie pas ! » (Dt 31, 8).

« N'aie pas peur » (Ap 1, 17 ; Jn 14, 1 ; Mt 10, 31 ; Mc 6, 50 ; Lc 12, 32 ; 1P 3, 14… et presque une page sur deux dans l'Évangile !).

Deuxièmement, la Bible nous invite aussi à croire à la Bonne Nouvelle, l'expression utilisée par les croyants pour faire référence à la promesse de la Résurrection et de la vie dans l'au-delà. En somme, le message de l'Évangile, c'est que la mort n'est pas une fin, mais le début de la vie, en Dieu. Même s'il est pour l'heure invisible à nos yeux, le Royaume des Cieux est tout proche de nous. Là encore, la Bible veut donner confiance : non seulement Dieu nous a tous désirés, mais, mieux encore : il a un projet pour nous (et pas des moindres !). Et pour le coup cela nous enjoint à agir : le Royaume de Dieu est proche, d'accord, nous devons donc nous y préparer si nous voulons y participer et en profiter… Nous devons nous « convertir ». Par « conversion », on entend certes le « changement », l'entrée dans la foi, mais aussi et surtout une « transformation du cœur » : se convertir n'est pas une formalité administrative ou un rituel symbolique, c'est une véritable métamorphose intérieure. En se convertissant, on cherche à tendre vers Dieu, à s'alléger de ce qui en nous peut nous peser, être mauvais, pour tenter de vivre selon sa Parole, et ainsi être prêt pour le paradis le moment venu (et peut-être même dès aujourd'hui).

« Convertissez-vous et croyez à l'Évangile, le Royaume de Dieu est proche » (Mc 1, 15).

« Le règne de Dieu est au milieu de vous » (Lc 17, 21).

« Approchez-vous de Dieu, et lui s'approchera de vous » (Jc 4, 8).

Enfin, le dernier axe de la Bible, et peut-être le plus important, est celui de l'amour. Partout, les textes le répètent : ou de façon explicite, Dieu est Amour (1Jn 4, 8) ou plus imagée… Et nous sommes invités à pratiquer, à vivre de cet amour à notre tour : aimer Dieu et aimer les autres. Ça peut paraître tout simple dit comme ça, mais quand on y pense, c'est une vraie révolution. Vivre sa vie dans l'amour des autres, de soi, de Dieu, ça ne coule pas toujours de source : quand on y pense, on agit souvent par peur, intérêt, stratégie, et si peu souvent par amour. La Bible aspire donc à nous aider, à nous rappeler à chaque instant qu'aimer, même si ça peut paraître compliqué, voire parfois carrément l'inverse de notre intérêt, c'est toujours la voie la meilleure à suivre. C'est cela que l'on comprend, quand on dit que Dieu est amour : non seulement il nous aime nous, mais il nous invite à l'imiter, il place son Esprit d'amour en nos cœurs et, mieux encore, nous montre comment lui permettre de le laisser pleinement s'épanouir. Et n'est-ce pas là, au fond, le seul et unique vrai travail auquel il nous appelle ici-bas ?

« Tu aimeras le Seigneur ton Dieu de tout ton cœur, de toute ton âme, de toute ta force et de toute ta pensée, et tu aimeras ton prochain comme toi-même » (Mc 12, 30-31).

« Comme le Père m'a aimé, je vous ai aussi aimés. Demeurez dans mon amour » (Jn 15, 9).

« Car Dieu a tant aimé le monde qu'il a donné son Fils unique, afin que quiconque croit en lui ne périsse point, mais qu'il ait la vie éternelle » (Jn 3,16).

« Aimez vos ennemis… » (Mt 5, 44).

« Il n'y a pas de plus grand amour que de donner sa vie pour ceux qu'on aime » (Jn 15, 13).

Ayez confiance, convertissez vos cœurs, aimez-vous : voilà, en somme, les trois grands messages de la Bible. Et c'est peut-être là la meilleure façon de comprendre véritablement qui est le Dieu des chrétiens, ce fameux Dieu d'amour aux trois visages, qui aime, réconforte, parle et accompagne.

Dit ainsi, ça pourrait paraître idyllique… Mais pour le coup, on pourrait être tenté de se demander : il est où, le loup ?

Chapitre 6

Une Église vraiment sainte ?

Finalement, avoir la foi peut ne pas paraître si « incrédible » que ça, et peut même sembler pertinent et séduisant. Si l'on récapitule : Dieu est amour, nous aime chacun personnellement, a prévu de nous sauver de la mort, est avec nous tout le temps et, plus que ça, son existence se tient philosophiquement et logiquement.

Mais alors, pourquoi tout le monde ne croit-il pas ?

Sûrement que beaucoup se méfient de la foi, parce qu'ils perçoivent un écart entre ce qu'elle promet et la réalité vécue par ceux qui la pratiquent, ses institutions. Vu ce que raconte la Bible, on s'attendrait à ce que tout aille à merveille dans l'Église, que l'harmonie y règne… Et pourtant, si Dieu n'est qu'amour, on ne peut pas toujours en dire autant des chrétiens ! Cette dichotomie a de quoi légitimement en laisser certains sceptiques. On peut en effet se dire que pour une religion qui prône à ce point la bonté, le christianisme n'a ni une histoire, ni des institutions toujours très apaisées…

Et c'est vrai, reconnaissons-le, ses membres ne sont pas toujours les meilleurs témoins de ce qu'elle promeut… Mais ce n'est pas pour autant qu'on ne doit pas croire, ou se tenir à l'écart de la foi. En fait, il faut comprendre que l'Église n'est pas Dieu : elle est sainte (initiée par Lui), mais faite de pécheurs… C'est une communauté d'hommes et de femmes qui essaient juste de vivre de la Parole et de l'amour de Dieu. Par nature, nous sommes imparfaits, et pouvons commettre des erreurs… Il est donc logique que l'Église ait connu des tensions et commis des erreurs. Ce n'est pas parce qu'on est chrétien qu'on est protégé du péché.

Pourtant, l'Église, aussi imparfaite soit-elle, s'est bel et bien construite autour de, et grâce à l'amour de Dieu. Si l'on est beaucoup, même issus d'autres croyances ou athées, à penser à Dieu comme à une entité aimante, c'est grâce à elle : c'est elle qui a participé à élaborer notre vision de ce qu'est le Divin. L'Église a toujours été la seule à répandre l'image d'un Dieu d'amour. C'est même précisément ce pour quoi il l'a créée. Si elle existe, c'est parce qu'il l'a voulue, et si Dieu l'a voulue, c'est parce qu'il voulait partager ce qu'il est, son amour, à travers elle.

Quand on dit que Dieu est Père, c'est plus qu'un titre : c'est sa nature. Et un père ne se contente pas d'aimer dans son coin. Un père, à plus forte raison s'il est parfait, veut le meilleur pour ses enfants, veut les élever, les aider, les accompagner. Depuis le début,

Dieu est dans une logique de transmission, de filiation, et de communion. Ainsi, dès la Genèse, il se révèle à travers une histoire de famille, celle d'Adam et Ève, puis celle d'Abraham, d'Isaac, de Jacob, ou encore après celle de Marie et Joseph, pour illustrer la relation qu'il souhaite construire avec l'ensemble de notre humanité. Comme tout parent bienveillant envers ses enfants, il ne veut rien d'autre pour nous que de nous voir vivre heureux dans l'amour et la concorde. Et pour ce faire, il a rassemblé les hommes en ce qu'il appelle lui-même l'Ecclesia, l'assemblée convoquée (par lui), le terme qui a donné : Église.

Faudrait-il comprendre que seuls ceux qui sont dans l'Église peuvent profiter de son amour et son salut ?

Dieu merci, non ! Dieu ne place en rien les membres de l'Église au-dessus des autres. Si, dans l'Ancien Testament, la première communauté de croyants est appelée « peuple élu », ce n'est pas parce qu'elle est meilleure que les autres, mais parce qu'elle a été choisie pour révéler l'universalité de Dieu, son amour, et sa nature de « parent de tous » à l'ensemble de l'humanité. Et depuis, à la suite du peuple hébreu, l'Église grandit, évolue, et fait de son mieux.

Mais comment l'Église peut-elle prétendre être sainte, tout en ayant commis et commettant encore tant d'erreurs, voire de fautes ?

Comme Israël avant elle, l'Église est à la fois Sainte et faite d'une humanité pécheresse, tantôt dans la confiance, l'amour de Dieu et l'accomplissement d'œuvres de charité, tantôt se complaisant dans l'infidélité, l'orgueil, et tout ce que l'on peut imaginer de mauvais. Cependant, si elle est divine, car mue par son Esprit à lui, et faite de pécheurs, ce n'est pas par hasard, mais parce qu'elle est à notre image à tous ! Comme le Donald de Walt Disney, habité tantôt par un gentil et tantôt par un méchant Donald qui lui susurrent alternativement tel ou tel message à l'oreille, personne parmi nous n'a (encore) entièrement épousé la sainteté. Et cela vaut pour toutes les grandes figures de la Bible aussi ! À part Jésus – le seul à avoir été entièrement humain sans jamais avoir cédé à la tentation du mal – tous les personnages de la Bible ont eu leur part d'ambiguïté, et ont connu des failles comme des moments de sainteté. Par exemple, le roi David, figure fameuse de l'Ancien Testament, qui a à la fois mené la guerre, l'oppression et l'adultère, a aussi pu être d'une grande bonté en bien d'autres occasions, allant jusqu'à épargner deux fois son pire ennemi Saül alors qu'il était à sa merci... Et cela vaut aussi pour nos grands saints de la Tradition : dans ses *Confessions*, saint Augustin raconte avoir mené une vie de péchés avant de réussir plus tard à tourner son cœur vers Dieu. Tantôt faibles face à la tentation, tantôt animés d'une vraie sainteté, tous font de leur mieux, cherchant à tendre vers l'amour et la justice... sans forcément y parvenir à tous les coups.

Mais alors, la sainteté, si ce n'est pas être irréprochable, c'est quoi ?

La poétesse du XXe siècle Marie Noël la définit magnifiquement ainsi : « Ce n'est pas la perfection des perfections, ce n'est pas toutes tes vertus. [...] La sainteté c'est moi, Dieu, en toi, l'homme. » La sainteté, ce n'est pas un 20/20 au grand concours moral de la vie, c'est juste le fait de laisser l'Esprit saint, l'Esprit d'amour de Dieu, inspirer nos actions, et tenter de lui accorder le plus de place possible dans nos existences. Dans la Bible, seul Dieu détient la sainteté : c'est lui qui est Saint, tandis que nous ne pouvons l'être que par « contagion », par don de sa grâce. Dès lors, les saints sont des gens qui, durant leur vie, ont été mus par Dieu, par son Esprit, et qui ont parfois su agir de façon remarquable sous son inspiration. C'est pour cela que les premiers saints à avoir été reconnus par l'Église sont les martyrs. En effet, ils ont été les premiers exemples d'hommes et de femmes qu'on a pu voir, sans doute possible, être pleinement conduits par l'Esprit de Dieu. On parle en effet de gens qui, dès le Ier siècle, étaient prêts à tout pour ne pas avoir à trahir Dieu ou apostasier, y compris à souffrir les pires tortures jusqu'à mourir. Qui serait capable ainsi d'accepter la plus grande des souffrances, jusqu'à la mort, sans faillir, sinon quelqu'un d'habité par un esprit surhumain ? C'est pour cela qu'on les qualifia de saints, parce que dans cet ultime moment, ils ont su témoigner qu'ils étaient déjà totalement habités par l'Esprit saint. D'ailleurs, on raconte souvent que ces personnes sont mortes sereines, bienheureuses… et que nombre d'entre elles ont plus souffert du mal qui habitait le cœur de leurs bourreaux que de celui qu'elles subissaient dans leur chair. En témoigne par exemple la fin tragique que connut saint Étienne, le premier martyr de l'histoire chrétienne (Ac 7, 55-60). Comme le dit si bien l'écrivain Christian Bobin, les saints et les saintes sont ces gens qui « ont la propriété d'aller dans le monde avec une légèreté sans pareille, sans se soucier… Ignorants d'eux-mêmes et apportant au monde un bien plus précieux encore que la vie ».

Alors faut-il être prêt à mourir pour Dieu pour être saint ?

Fort heureusement, mourir en martyr n'est pas indispensable pour être saint ! Bien d'autres saints ont été reconnus depuis comme de vrais « témoins » (littéralement, martyr en grec), et ce, pour bien d'autres raisons. La seule chose qui leur est commune, c'est que leurs vies à tous attestent le fait qu'ils se sont laissé guider par Dieu, d'une façon ou d'une autre. Ce n'est donc pas tant une question de degré que de nature : pour être saint, il ne faut pas atteindre une certaine dose de l'Esprit, ni être plus brave ou plus généreux qu'un autre. Pour le dire en quelques mots, on ne gagne pas son Ciel à coups de bonnes œuvres ! On n'a pas à sauver un certain nombre de personnes, à effectuer telle quantité de bonnes actions ou à remplir un quota de jours de torture pour être qualifié ainsi ! L'important, ce ne sont pas les actes, leur degré de noblesse ou de charité, ni même l'intention qu'on peut leur donner : l'enjeu, le seul, l'unique, c'est d'essayer d'agir selon la volonté de Dieu. On reproche parfois à certains catholiques de vouloir ainsi gagner leur salut en multipliant les B.A., or ce n'est absolument pas l'idée. Les indulgences, ces « annulations de péchés » accordées par l'Église contre de l'argent il y a plusieurs siècles, c'est du passé : quand les croyants donnent de leur temps pour autrui, ils le font parce qu'ils écoutent Dieu et ce que leur dicte leur cœur. Non pour espérer les Cieux. Si nous croyons que Dieu est le Bien, alors notre seule mission est de tenter de le laisser être à travers nous, chaque jour, à notre mesure. C'est ça, la sainteté.

Et d'ailleurs, n'est-ce pas tout ce que nous sommes tous en train de devenir ?

Quand on y regarde bien, ne sommes-nous pas tous engagés dans un long parcours d'apprentissage, d'amélioration, de travail sur nous-mêmes, de recherche d'une vie toujours plus aimante ? Certains sans même le savoir, d'autres de façon plus concrète, plus délibérée, dans l'espérance de leur baptême, mais au fond, sûrement tous, nous sommes déjà (au moins un peu) en chemin.

Le baptême… quel rapport avec la sainteté ?

Tout ! Le jour de leur baptême, les chrétiens ont confiance qu'ils reçoivent l'Esprit saint, et sont ainsi appelés à le laisser grandir en eux, pour qu'il puisse s'épanouir et donner du fruit. C'est une sorte de petit coup de pouce, comme si, à travers le baptême, Dieu nous plaçait sur le chemin qui mène vers lui, et nous donnait une petite impulsion sur l'épaule en nous disant : « Sois confiant, je suis là, avec toi. » C'est cet élan qui est à nouveau donné aux catholiques le jour du sacrement de la confirmation, par exemple. Un petit supplément de sainteté… pour toujours mieux la faire rayonner.

Or, on le constate, ça n'est pas infaillible !

Hélas non, en effet. En chacun de nous se joue une dualité éternelle entre le bien et le mal. Nous sommes tous mus par l'Esprit, et en même temps tous doués du libre arbitre qui peut objectivement nous faire choisir le pire… Et cela vaut donc, logiquement, pour l'Église aussi. On l'a malheureusement vu avec les tragiques exemples récents : combien de fondateurs de nouvelles communautés chrétiennes catholiques, qui ont permis un vrai renouveau de l'Église dans les années 1970 et le déploiement de la sainteté dans bien des cœurs, ont en même temps été capables des pires horreurs ? Ces « pionniers » qui ont suscité nombre de vocations sont en effet, pour certains, connus pour avoir été les auteurs d'horribles abus spirituels, voire d'agressions sexuelles, de détournements de fonds, et autres exactions à des années-lumière de la sainteté censée les habiter… Comment donc des personnes d'Église qui ont pu réaliser tant de bien, sans nul doute mues par l'Esprit saint, ont-elles pu en même temps être habitées par une telle puissance démoniaque ? C'est une question qui nous sidère, nous tétanise… Et ce, d'autant plus qu'au fond, si ça leur est arrivé, peut-être cela pourrait-il nous arriver aussi…

Comment vivre alors cette dualité ? Et pourquoi même existe-t-elle ? Ce serait tellement plus logique que l'homme vertueux le soit vraiment, totalement, que la vertu n'engendre que de la vertu, et que la vie ne soit qu'une perpétuelle progression vers le Bien ! Pourtant, on sent bien que ce n'est pas parce qu'on agit bien qu'on est forcément heureux ; la vertu ne nous met pas à l'abri de la tentation, ne désamorce pas nos désirs mal placés. Combien d'exemples peuvent l'illustrer ? On peut consacrer des semaines à prendre soin d'un grand-père malade, à l'aimer, le chérir, et un jour, sans le voir venir, s'adresser à lui avec une exaspération, une sécheresse, voire une cruauté sans pareille, et dans la colère, vouloir l'abandonner. On peut vouloir mentir pour protéger un ami, et puis s'apercevoir au bout du compte que cette dissimulation lui aura fait plus de mal que de bien. On peut dire oui un peu vite à une mission qui nous dépasse par peur de décevoir, et finir par faire capoter tout le processus, assailli par la charge et le découragement. C'est humain. C'est notre quotidien à tous.

Comme le dit si bien le philosophe Blaise Pascal, la difficulté de l'homme, c'est de n'être ni ange ni bête, et de parfois faire le mal alors qu'il voudrait faire le bien. Nous sommes tous appelés à être saints, mais la réalité, c'est qu'il s'agit pour nous d'un long chemin, sûrement à l'image de celui que fait l'Église. Aujourd'hui, on juge ses positions et ses actes passés à l'aune de notre réalité, alors qu'ils étaient perçus différemment à l'époque. Il s'agit donc non pas de faire table rase du passé et de la dédouaner de toute sa culpabilité, mais de reconnaître que l'Église évolue, qu'elle n'est pas mauvaise par nature ni condamnée à reproduire les erreurs antérieures, mais simplement faite de pécheurs, en chemin pour être saints. Comme le disait Jean-Paul II : « *Ecclesia semper reformanda* » : l'Église est perpétuellement invitée à s'actualiser, à se réformer.

Alors que faire ? Comment réussir à vivre de l'Esprit de Dieu, ensemble, dans notre réalité ?

L'Église est complexe, la comprendre demande du temps. Elle a parfois changé dans sa façon de faire au fil du temps, mais son objectif, lui, est toujours resté le même : vivre de Dieu pour le rendre accessible, sensible dans notre monde. C'est ce qu'elle s'applique à faire depuis des siècles, à sa façon, en fonction des époques, même si elle n'a pas toujours agi qu'avec vertu. Essayer de vivre de ce que Dieu nous a révélé, de ce qu'il continue de nous inspirer, et dans la fragilité de nos humanités… Ça peut produire des drames comme des merveilles, chaque fois insoupçonnés…

L'Église a toujours eu la volonté de transmettre l'œuvre d'amour et de charité de Dieu envers tous, mais ce n'est, reconnaissons-le, que très récemment qu'elle a cherché à mettre en place une théologie sociopolitique, répondant directement aux problématiques nouvelles rencontrées par les hommes. La bascule s'est faite à la fin du XIXe siècle avec le pape Léon XIII et l'avènement de l'ère industrielle, qui a engendré des sociétés de plus en plus techniques, complexes et inégalitaires. Face à ces profondes mutations, l'Église a développé ce qu'elle a appelé sa « doctrine sociale » : une réflexion théologico-pratique pour réussir concrètement à promouvoir la dignité de tous et particulièrement des plus humbles.

L'Église, précurseure en promotion des avantages sociaux ?

C'est un peu ce qu'est la doctrine sociale, une sorte de manuel de conduite à destination des hommes et des femmes de nos sociétés modernes, pour permettre à chacun et à chacune de tenter de vivre des conseils de l'Évangile dans sa vie, de conjuguer au mieux ce que ses croyances lui disent dans un monde aux évolutions toujours plus rapides. Ce n'est pas une idéologie qui établirait des vérités immuables à propos de l'histoire ou pour le bon ordre de la société, mais plutôt une forme de synthèse, évolutive, qui propose des principes d'action à partir de l'Évangile et de la tradition chrétienne pour promouvoir une équité vraie entre tous. Parce que au fond, n'est-ce pas sa raison d'être ?

C'est ainsi qu'en s'appuyant sur cette doctrine, l'Église a été pour beaucoup dans la conquête des droits sociaux au siècle dernier. Son action pour l'obtention de la sécurité au travail et en matière de santé, en association, voire en collaboration avec des forces politiques, syndicales et partisanes, a été abondamment reconnue. Tout cela n'est en fait ni plus ni moins que la continuité de ce que l'Église appelle la morale – qui n'est ni une discipline rigide, ni une vision étriquée de ce qui est bon ou non. Quand on parle de morale au sein de l'Église, c'est avant tout une question d'ordre pratique : la mise en application de la voie même qui mène au Ciel, pour viser, et même commencer à vivre dès aujourd'hui du paradis… C'est là la différence entre le moralisateur, qui fait la morale et l'applique comme une sanction, et le moraliste, qui, lui, cherche à étudier la morale, ce qu'elle est, pourquoi, et comment elle pourrait permettre aux hommes de mener une existence plus heureuse, plus proche de Dieu.

La morale chrétienne peut-elle encore faire sens aujourd'hui ?

À notre époque, pour comprendre le monde, pour aborder ce qu'il est bon ou non de faire et prendre nos décisions politiques et individuelles, la plupart du temps, Dieu n'entre plus dans l'équation. Ça nous paraît être un état de fait évident, mais ce fonctionnement est pourtant très récent ! Avant le XVIIe siècle, Dieu était en quelque sorte une clé de lecture universelle, l'aiguillon indispensable de toute réflexion. Longtemps même, la collusion entre pouvoir spirituel et pouvoir temporel était un fait, autant dans l'organisation de la société, des biens, que dans celle des affaires humaines du quotidien. Il était un facteur essentiel de la façon dont les dirigeants régnaient, et dont le politique se façonnait. Puisque, d'une certaine façon, Dieu cumulait les deux, la distinction entre ces deux pouvoirs n'avait pas vraiment lieu d'être. Dans la France de l'Ancien Régime par exemple, les rois étaient monarques « de droit divin », c'est-à-dire perçus comme les représentants de Dieu sur Terre. Aucun ne séparait ses décisions d'ordre religieux des autres, puisque toutes étaient « légitimées » par Dieu. Pour les sujets du royaume, il n'y avait donc pas lieu de remettre en question la parole du roi : s'il disait d'aller exterminer les protestants, on y allait sans trop réfléchir. Tout cela, on s'en doute, a donné lieu à de vraies dérives.

Disposer de ces deux pouvoirs, c'est la porte ouverte à l'instrumentalisation de Dieu et de ses projets spirituels pour créditer en fait des intentions très temporelles, et bassement individuelles. Bien des hommes de pouvoir par le passé ont utilisé la religion et profité de leur proximité affichée avec Dieu pour servir, finalement, leur vision à eux. Leurs actes n'étaient objectivement pas toujours tant motivés par le souci de donner à vivre l'Évangile que par des intérêts personnels, des objectifs liés au pouvoir, et à l'expansion de leur « puissance »... Dieu était utilisé comme l'argument d'autorité premier. Forcément, ça a laissé des traces.

Et l'institution ecclésiale n'a pas été vierge de ce genre de dérives...

Si certains puissants ont eu tendance à utiliser Dieu pour de mauvaises raisons, l'Église aussi a eu régulièrement dans son histoire l'habitude d'entrer en collusion avec les différents pouvoirs en place... et l'on sait tous ce que ces liens ont pu, en vingt siècles, générer de délétère.

Historiquement, trois grands reproches ont été faits aux chrétiens. S'agit-il de les dédouaner ? Non. L'Église n'a clairement pas toujours agi pour le meilleur. En revanche, il faut replacer les choses dans leur contexte : le plus souvent, la plupart des croyants pensaient bien faire. On ne peut bien sûr pas faire l'examen de conscience de chacun, mais s'il est possible que certains aient réellement été malveillants, l'immense majorité agissait sincèrement, par envie de suivre les commandements de Dieu et donc de ses « lieu-tenants ». Après tout, l'enfer n'est-il pas pavé de bonnes intentions...

Un premier grand reproche qui lui est souvent légitimement adressé : les croisades.

Un point sur le contexte : contrairement au judaïsme, qui demandait d'effectuer le pèlerinage à Jérusalem pour la Pâque, et/ou celui de la Pentecôte, dans la foi chrétienne aucun pèlerinage n'est « obligatoire ». Si les deux traditions partagent un corpus de textes communs, appelé Torah par les uns et Ancien Testament par les autres, les premiers l'interprètent à la lettre, tandis que les seconds le relisent à partir des nouveautés que Jésus a apportées. Les chrétiens ne respectent plus littéralement toutes les recommandations des textes juifs, mais cherchent à en appliquer les intentions et les valeurs, de façon indirecte, à la lumière de ce que le Christ a enseigné. En théorie donc, il n'y a plus nécessité de pérégriner pour aller à la rencontre de Dieu, ou pour honorer ses préceptes. Pour les chrétiens, Dieu est là, avec eux, au quotidien, par son Esprit saint. Les pèlerinages, s'ils peuvent être de sincères démonstrations de dévotion, et de vrais moments de croissance spirituelle, ne sont plus reconnus comme préceptes divins.

Or au Xe siècle, coup de théâtre : les musulmans prennent Jérusalem, et les chrétiens y répondent par la croisade. S'ils se lancent dans une telle entreprise, c'est donc avant tout par souci de laisser libre cours à cette forme de piété que représente le pèlerinage en Terre sainte. Dieu ne leur a, pour ainsi dire, « rien demandé » ! Si la croisade est proclamée, c'est sûrement donc plus par réaction émotive à la perte de ce lieu si important pour la tradition que par décision découlant d'un devoir de foi.

Le catholicisme reconnaît aujourd'hui, parmi ses saints, des figures connues pour avoir promu ou fait eux-mêmes des croisades, comme Saint Louis ou saint Bernard de Clairvaux... Mais admettons-le, les comportements des croisés n'ont pas toujours été des plus évangéliques ! Si vraiment la croisade avait eu lieu pour respecter les préceptes de Dieu ou le rencontrer, passe encore, mais en l'état, on peut difficilement arguer que les croisades valaient la peine de tuer qui que ce fût... L'entreprise des chrétiens de l'époque ne légitimait, divinement en tout cas, aucune forme de violence, et encore moins le meurtre... D'autant plus quand on sait que ce fut surtout une affaire de seigneurs, qui voyaient dans ces expéditions l'occasion de gagner tant en reconnaissance qu'en légitimité !

Un autre reproche évident : l'Inquisition.

Et pourtant c'était à l'origine une intention éminemment pieuse… Même si assurément elle a pu être parfois bien dévoyée dans la pratique (menant à la condamnation à mort de près de trois mille âmes).

Attention avant tout à bien distinguer la « Sainte Inquisition » d'une part (qui existe encore aujourd'hui, au Vatican, et qui s'appelle désormais « Congrégation pour la doctrine de la foi » : le ministère romain chargé d'étudier la théologie et d'en l'assurer la cohérence), qui était là pour vérifier que la parole des prêtres et la compréhension qu'en avaient les fidèles restaient bien dans les canons de la compréhension catholique, et l'Inquisition espagnole d'autre part, qui fût, elle, un mouvement local, très spécifique, sur un temps limité, et aux effets vraiment dramatiques. Les inquisiteurs « classiques » étaient souvent les dominicains, les religieux disciples de saint Dominique, qu'on appelle encore aujourd'hui les « frères prêcheurs ». Ils étaient donc là pour prêcher : répandre la Bonne Nouvelle et l'Espérance. Leur but premier était avant tout d'aller évangéliser et enseigner dans les régions reculées, pas toujours bien éduquées, où prêtres et fidèles étaient peu lettrés et peu renseignés. Il s'agissait de leur permettre de faire la distinction entre ce qui relevait de la foi et ce qui tombait dans la superstition notamment. C'était une démarche pédagogique, avec parfois un peu de discipline, mais qui visait avant tout à refaire, ou parfaire l'enseignement religieux. On ne va pas non plus entièrement la disculper : il y a eu des violences, même des condamnations à mort. Mais rien à voir avec les horreurs commises par l'Inquisition espagnole !

En Espagne, la problématique fut tout autre. Trois traditions coexistaient au XVe siècle dans le royaume : catholiques, juifs et musulmans, de façon plus ou moins apaisée... Jusqu'à ce que le pouvoir décide de convertir le peuple en masse, et de transformer l'ensemble de la population en bons chrétiens d'un coup. En théorie, c'était pour le salut de tous, en réalité, sûrement plus par soif de pouvoir, haine de l'étranger et envie d'asservissement des autres. Survinrent alors des crimes horribles et inexcusables, l'une des pages les plus noires de l'Église catholique. Et le malheur là-dedans, c'est que ce procédé a été adoubé par plusieurs papes... Même si ni l'une ni l'autre n'est défendable aujourd'hui, il faut donc reconnaître qu'il y a eu deux formes bien différentes de « l'Inquisition », celle qui fut la plus répandue sur le continent (la Congrégation s'appelait encore Sainte Inquisition jusqu'à la fin du XXe siècle), et l'extrême que fut l'Inquisition espagnole, pétrie sûrement plus d'hommerie que d'Esprit. Dieu merci, l'Église institutionnelle semble aujourd'hui avoir compris que c'est sûrement plus par l'attention que par la coercition qu'elle pourra permettre aux âmes de tourner leurs cœurs et de jouir ainsi de la Résurrection.

Une autre grande incompréhension de l'histoire chrétienne : les guerres de Religion.

Quand on les étudie de nos jours, on s'aperçoit que la question du conflit entre catholiques et protestants ne fut, là encore, qu'un prétexte. L'enjeu n'était peut-être pas tant celui de la foi que celui d'éteindre les dissensions, ou de forcer l'uniformité du peuple pour asseoir le pouvoir du roi et des puissants. Ce conflit fut terrible, mais peut-être avant tout nourri par des racines essentiellement politiques… Comme dans le cas de Louis XIII et Richelieu qui retournèrent du jour au lendemain leur veste (religieuse), rompant l'édit de Nantes en vigueur depuis trois décennies (qui assurait la paix entre catholiques et protestants dans le royaume), en assiégeant eux-mêmes leurs compatriotes huguenots de La Rochelle afin de mieux faire face à leurs ennemis anglais.

Si la foi a été utilisée pour justifier des massacres et des violences démesurées, ce n'était donc pas parce qu'elle était mauvaise ou hostile de façon inhérente, mais bien plus parce qu'elle était un outil opportun de légitimation fort puissant auprès des populations.

Au-delà de ces trois exemples canoniques, la liste de reproches historiques qu'on pourrait adresser à l'Église est sûrement encore longue : on pourrait aussi souligner le rôle qu'elle a joué dans l'esclavagisme, et notamment la traite des Noirs, ou encore le fait qu'elle n'a pas toujours dénoncé publiquement les grandes idéologies dramatiquement meurtrières du XXe siècle. Il faut cependant bien se rendre compte que l'Église était alors, et est encore, constituée d'hommes divers mus par des intérêts variés. Certains pensent bien faire et font bien, d'autres pensent bien faire et se trompent, et d'autres encore ne pensent pas du tout… Les hommes et les femmes qui ont fait l'Église ont été poussés à l'action par toutes sortes de motivations, qui ont parfois relevé de la piété certes, mais aussi trop régulièrement de l'intérêt, de la jalousie, de l'ego ou de la cupidité.

On pourrait continuer longtemps ainsi, lui faire des procès à l'infini. Cependant, il faut aussi garder à l'esprit qu'elle n'est pas une association ordinaire. Comme dans son histoire passée, elle a encore aujourd'hui une stature quasi diplomatique, qui n'est pas toujours des plus évidentes à tenir : arbitrage fragile entre devoir moral et responsabilité envers les hommes. Il lui faut chaque fois tenir ce subtil équilibre, trouver sa juste place entre condamnation directe potentiellement dangereuse pour certains, et passivité dommageable. On ne peut désormais qu'espérer que face aux prochaines inhumanités que notre planète aura à affronter, l'Église saura adopter le positionnement le plus juste et le meilleur, tout en sachant protéger ses fidèles individuellement, autant que tous. Il y a toujours eu de tels dilemmes, et il y en aura encore. Pour prendre un exemple très contemporain, la Chine d'aujourd'hui pose un énorme défi à l'institution catholique. C'est probablement l'endroit de notre planète où elle se doit d'être particulièrement diplomatique à l'heure actuelle. En effet, si elle cherche à condamner les atteintes aux droits humains, elle a aussi conscience de l'existence qu'une minorité non négligeable de ses fidèles y vivent… Et qu'elle doit donc faire attention à ne pas leur nuire. Il s'agit pour elle d'adopter un équilibre qui est tout sauf évident, pour faire entendre sa voix là-bas tout en faisant en sorte que les chrétiens n'y soient pas ostracisés, voire persécutés… Et c'est le cas aussi dans d'autres pays…

L'Église n'est donc pas parfaite, pas encore pleinement sainte. Mais gardons-nous de risquer de juger l'histoire ou la foi de ceux qui nous ont précédés à l'aune de ce que nous sommes aujourd'hui, et les actions de ceux qui cherchent à agir selon l'Évangile à l'aune du point d'observation qui est le nôtre ! Il faut faire preuve d'une grande prudence lorsqu'on relit le passé, et avoir conscience du fait que nos aînés n'avaient pas accès à toute la vérité, pas plus que nous-mêmes aujourd'hui.

L'examen critique de l'Église nécessite donc une sorte de bascule, d'oscillation perpétuelle. Elle a comme deux visages, elle est faite de deux réalités : l'Ecclesia sainte voulue par Dieu, « assemblée convoquée par Lui pour être mue par son Esprit », et l'Église des hommes, l'institution, l'organisation régie par un cadre voulu certes par Jésus mais mis en place par saint Pierre, les apôtres et leurs successeurs. Elle est donc à la fois sainte et faite de pécheurs, et ce, depuis ses origines : ce n'est pas une contradiction, mais une sorte de double nature qui, espérons-le, s'ajuste petit à petit au fil des âges… Et il n'est guère meilleure illustration de cela que son exercice du pouvoir. Là où elle s'est gouvernée telle une pyramide des siècles durant par une hiérarchie très cléricale (pape, évêques, prêtres, puis fidèles), elle cherche aujourd'hui et depuis quelques dizaines d'années à inverser la tendance, et à revaloriser le fait qu'en chacun s'exprime l'Esprit saint.

Cela sous-entendrait-il que le souverain pontife n'en est plus vraiment le chef ?

C'est un soupçon plus complexe : l'Église catholique n'est pas une sorte d'État totalitaire mené par un leader tout-puissant ! Le pape n'est pas le « patron », mais plutôt celui vers qui tout converge, celui qui a une vue d'ensemble sur l'action de toutes les églises locales à travers le monde, et qui tente, depuis Rome, de préserver leur unité, de tenir un discours universel et juste sur la meilleure façon de vivre selon la Parole de Dieu dans notre temps. Il est donc tout sauf un dirigeant libre d'agir sur des coups de tête comme bon lui semble. Chaque église se gouverne à l'échelle d'un diocèse – ce qui équivaut à peu près aux départements en France. À la tête de chaque diocèse se trouve celui qu'on appelle l'évêque, qui fait figure de garant de la conformité à la Tradition et à l'Évangile, et qu'on qualifie de « successeur des apôtres ». D'une certaine façon, il est un peu le « pape dans son propre diocèse ». On a donc une organisation à la fois très centralisée, avec l'évêque de Rome, c'est-à-dire le souverain pontife (littéralement, celui « qui fait des ponts »), comme clef de voûte de cette vaste structure, et géographiquement très étalée, avec un ensemble de petites entités rattachées au Vatican, mais qui s'administrent seules la plupart du temps. L'édifice global en est ainsi coloré de plein de nuances tout en restant très unifié, et cohérent. L'ensemble des diocèses s'organise selon un même esprit, tous étant mus, on l'espère, par le même esprit.

Et cela est bien plus unique qu'on pourrait le croire.

L'Église catholique est en effet la seule institution religieuse formalisée au monde. On ne retrouve pas cette centralisation chez les juifs, ni chez les chrétiens orthodoxes ou protestants, ni chez les musulmans, ni chez les bouddhistes. Ces traditions-là ne se réfèrent pas à une autorité centrale comme le pape pour les catholiques, mais à des entités pour la plupart « autocéphales », qui se gouvernent par elles-mêmes. À côté, l'Église catholique fait figure d'exception. C'est à la fois sa grande force, et aussi peut-être l'une de ses faiblesses. Son unité est une chance mais aussi un défi : elle attend en quelque sorte des fidèles qu'ils collaborent, sachent se mettre d'accord, et s'expriment dans un souci d'unité, ce qui, dans la réalité, est aussi riche que difficile à atteindre !

L'Église, au fond, c'est un peu le cadeau de Dieu aux hommes.

Sans elle, nous n'aurions jamais connu ni reconnu Dieu. Et sans nous, les humains réunis en Église, ceux qui nous succéderont ne pourraient jamais goûter toute la beauté que nous ont léguée la Révélation divine autant que la Tradition. Cette image du cadeau permet de comprendre assez bien la logique de la hiérarchie de l'Église : si elle est le cadeau que Dieu a offert au monde, alors les évêques, qui sont là pour tenir le tout, sont le ruban du paquet, et le pape n'en est que le nœud. Il ne « vaut » pas plus que les autres, et reste bien un parmi les autres : l'évêque de Rome. En même temps, c'est aussi lui qui fait la jonction, et donc l'unification entre tous les croyants. Et d'une certaine façon, même si tout cela est sûrement perfectible… ça a marché, et ça marche !

L'Église est la seule et unique entreprise humaine à pouvoir aujourd'hui faire valoir deux mille ans d'existence ! Malgré le passage des années, les crises, les mises à jour, elle demeure l'institution la plus pérenne de l'histoire. À noter cela dit que si, pour un historien, l'Église n'est « qu'une » structure humaine, il faut bien voir que pour les chrétiens elle est un projet divin, dirigé par la Providence, voulu et conçu par Dieu pour nous tous. On ne peut donc pas la réduire à une institution humaine comme les autres : les catholiques la reconnaissent aussi et surtout comme le véhicule de l'Esprit de Dieu sur la Terre, le « Corps du Christ ». Comme le dit saint Paul, elle est « la tête et le corps » (Col 1, 18), et constitue « un seul corps, en un seul Esprit » (Ép 4, 4-6).

L'Église au fond c'est à la fois un Corps en elle-même, et l'agrégation de tout ce que nous sommes, nous les hommes.

Un peu comme chacun d'entre nous, en fait ! Nous sommes notre propre corps, bien sûr, mais aussi une communauté de cellules, chacune ayant sa vie propre... Eh bien, l'Église, c'est la communauté des hommes qui, à eux tous, forment le Corps du Christ. Et si elle n'est pas encore parfaite alors qu'elle se présente comme le corps même de Dieu, c'est parce que, pour tout échange, pour tout lien, la communication entre la tête et les membres, entre Dieu et les hommes n'est pas infaillible ! Parfois, les messages passent mal, les intentions sont déformées, et des coupures ont lieu. C'est sûrement pour ça qu'elle a évolué dans sa façon d'interpréter les choses autant que de se gouverner. Si les grands dogmes révélés de la foi chrétienne, l'incarnation de Dieu en Jésus et la Résurrection par exemple, sont toujours restés les mêmes, l'institution, elle, n'a jamais été un monolithe immobile ! L'Église est sainte, mais elle est aussi une structure, avec ses déséquilibres, ses failles. Chacun de ses membres reçoit le message de Dieu en fonction de ce qu'il est, de son histoire, de son vécu, de sa culture... Alors, forcément, si l'un de ses membres a des intérêts cupides, ou nourrit des passions mauvaises, le résultat risque d'être préjudiciable pour le corps entier... Et c'est sans doute de là que viennent nombre de défaillances dans l'Église. Corruption, crimes sexuels... on connaît la liste des exactions qui ont pu y être commises. Des actes intolérables, dont beaucoup se demandent, avec raison, comment ils ont pu avoir eu lieu dans une institution pareille. L'explication est complexe, bien sûr, mais on peut tenter d'en esquisser une piste...

Des difficultés structurelles et humaines...

Le problème ne vient pas de la foi elle-même, ou du fait que l'Église est une institution, mais du fait qu'elle est fondée sur des hiérarchies bien particulières, des répartitions de pouvoirs parfois encore déséquilibrées.

S'il y a des abus spirituels et des agressions sexuelles en son sein, ce n'est pas parce qu'on demande aux prêtres d'être chastes et continents. À l'inverse de ce qu'on pense parfois un peu vite, aucune étude scientifique, et Dieu sait qu'il y en a eu de nombreuses, ne l'a jamais prouvé. C'est sûrement plus lié au rôle unique, puissant et incontournable que l'on confère à la figure du prêtre. Pour le comprendre, il suffit de retracer son parcours, de sa formation à son ministère (ses fonctions au quotidien).

Dès le séminaire, les aspirants prêtres sont « triés » : on estime qu'un peu moins de la moitié des candidats finiront leur formation. On a donc d'ores et déjà un phénomène de sélection, d'écrémage, qui rend inconsciemment les candidats « restants » plus légitimes encore, leur donne de la valeur, de la confiance en eux. Ce statut particulier est renforcé ensuite par le fait que, bien souvent, au sein d'une paroisse, le prêtre est le seul à détenir un certain niveau de savoir théologique, avec ses sept années d'études religieuses. Forcément, ça lui donne un ascendant, une certaine assurance.

Par ailleurs, on compte d'année en année de moins en moins de nouvelles ordinations – la célébration qui fait devenir prêtre. Face à ce phénomène de pénurie, les nouveaux arrivants se voient souvent rapidement confier une paroisse à gérer eux-mêmes, de A à Z. C'est en quelque sorte une nouvelle compétence qu'ils doivent maîtriser : être des « mini-patrons » d'église. Désormais, ils sont à la fois le guide spirituel (étymologiquement, le « curé » est celui qui a le « soin » des âmes) et le gestionnaire des bénévoles (et éventuellement des salariés) de la « petite association », la paroisse qui leur est confiée. Cet état de fait, récent dans l'histoire de l'Église, crée des problématiques nouvelles.

En effet, le curé aujourd'hui fait figure de petit « prince » ! Choisi parmi plusieurs, il dispose d'un savoir que personne n'a, d'une autorité spirituelle et temporelle… Rien de moins qu'un vrai petit seigneur – d'ailleurs, les évêques se font encore appeler Monseigneur ! Quand on voit tous les pouvoirs dont il dispose, il n'est pas étonnant que tout cela puisse donner lieu à des abus.

Au-delà même des conditions très pratiques de l'exercice de la prêtrise, il faut aussi reconnaître la façon dont les gens se comportent avec les hommes d'Église. Bien souvent, encore aujourd'hui, sans être forcément croyant soi-même, on va avoir tendance à placer les prêtres (un peu) au-dessus du lot. Avec eux, les gens sont plus généreux, plus indulgents, plus inquisiteurs aussi, mais ils sont avant tout immensément respectueux. Malgré la sécularisation, le prêtre reste une figure de notable, qui peut dans la plupart des cas trouver des tables où se faire inviter un peu partout si le cœur lui en dit, et avoir une place d'honneur lors des réceptions. Puisqu'il est traité le plus souvent avec égards, le prêtre sait aussi (ou en tout cas ressent bien vite) qu'il sera excusé plus facilement que d'autres... Et ainsi, même sans s'en rendre compte, il peut se laisser petit à petit aller à quelques écarts, vu le niveau d'indulgence dont sa fonction lui permet de jouir.

Étant donné son statut, le prêtre vit en fait dans une forme d'impunité confortable, insidieuse, à laquelle il n'est pas préparé. En tant que jeune prêtre, on ne le voit pas venir, on entre dedans au fil des mois, des années... L'ensemble du décorum, le titre « mon père », voire « monsieur l'abbé », l'habit, voire la soutane, sont autant d'éléments qui jouent énormément, et renforcent encore ce sentiment (avéré !) de membre illustre de la communauté. Beaucoup semblent ainsi apprécier se distinguer. Les prêtres se voient souvent à la fois comme faisant partie du monde, mais aussi, selon l'expression de l'évangéliste saint Jean, un peu « à part » : transformés dans leur essence même par l'ordination, et le pouvoir qu'ils y ont reçu. Parce que, reconnaissons-le, les « pouvoirs » d'un prêtre, c'est quelque chose : d'une part célébrer la messe, d'autre part transmettre le pardon de Dieu. Présider la messe, ce n'est rien de moins que devenir le représentant, le « lieu-tenant » de Dieu sur Terre. C'est ce que signifie la formule « *in persona Christi capitatis* » : au moment où le prêtre dit à la messe « ceci est mon corps », il n'est bien sûr pas Dieu lui-même, mais il fait *figure* de Jésus. Permettre qu'un simple bout de pain et quelques gouttes de vin se « transforment » en corps et sang du Christ, et offrir à quelqu'un de se sentir réconcilié avec Dieu, cela représente une grâce phénoménale. Or, comme toute collusion de deux pouvoirs dans une même personne, cela est aussi source de grands risques.

Si l'on compartimentait un peu plus les responsabilités, avec un genre d'accompagnateur spirituel d'une part et un gestionnaire d'autre part, on aurait certainement moins de problèmes. On ne trouve d'ailleurs *a priori* plus nulle part dans notre société de figure qui soit à la fois le manager et le psy d'un même public, celui qui coordonne autant que celui qui connaît le for intérieur. Quand on concilie les deux, comme c'est de plus en plus le cas à cause de la réduction du nombre de prêtres aujourd'hui, quand on a été choisi parmi d'autres candidats de façon élitiste, quand on a reçu des savoirs souvent inaccessibles aux autres… Comment ne pas céder à la tentation de l'influence, du pouvoir ?

Même si l'on voit bien que le pape François cherche à repenser la gouvernance, cette vision très verticale des choses est encore d'actualité. L'Église s'est construite dans une sorte de classement, de pyramide sociale, avec les évêques et les prêtres au sommet, puis les baptisés et les non-baptisés. Pas facile de se détacher de cette vision-là pour les prêtres, et pas facile non plus pour les laïcs (les fidèles non ordonnés), qui en sont venus à attendre ce double pouvoir de la part de leurs abbés. Ils ont envie de continuer à percevoir à travers cette figure l'homme qui donne sa vie pour les autres, et souhaitent se fier et se référer à lui, presque béatement.

Cette surestimation de la figure du prêtre et cette collusion des pouvoirs génèrent un terreau propice à toutes les dérives que l'on connaît. Non seulement les prêtres ont la possibilité de toucher au profond, à l'intime de la vie des gens, mais c'est aussi ce que l'on attend d'eux. Cela peut être magnifique et merveilleux, mais aussi mener à l'innommable. Longtemps, trop longtemps, ces défaillances sont restées taboues, ignorées, cachées, mais petit à petit les choses commencent à changer. C'est l'Église elle-même, par exemple, qui en 2021 a demandé qu'une commission indépendante, la CIASE (la Commission indépendante sur les abus sexuels dans l'Église), vienne enquêter en son sein et produise un rapport sur les violences sexuelles commises par le clergé au cours des soixante-dix dernières années.

C'est peut-être par ce genre d'exemple qu'on peut reconnaître qu'elle est Sainte : elle se sait pécheresse, voire potentiellement criminelle, mais elle finit par attaquer elle-même le problème, à la racine, et ce, même aux dépens de son image. Combien d'institutions seraient capables d'aller payer des gens pour enquêter publiquement et faire la lumière sur leurs propres exactions ?

La démarche reste imparfaite, mais il faut reconnaître la volonté de transparence de l'Église aujourd'hui. Et à ce titre, l'arrivée du pape François a été et est encore une excellente nouvelle, avec sa volonté d'ajustement, de cohérence… Il n'est peut-être pas parfait, mais on ne peut que lui reconnaître de chercher à faire avancer les choses vers toujours plus d'Évangile.

Pourrait-on souhaiter à l'Église d'aller plus vite ?

Ne devrait-elle pas s'attaquer à plus de sujets ? Ne gagnerait-elle pas à mettre en place les changements qui semblent s'imposer sans attendre les crises, comme ça a été le cas en ce qui concerne les abus spirituels et les agressions ? Ne pourrait-elle pas en faire autant, dès aujourd'hui, sur les questions sociales et familiales qui font débat ? Quand évoluera-t-elle par rapport au droit matrimonial, à celui de la famille, à la théologie des prêtres, à la place des femmes, aux questions de bioéthique ? Les attentes de chacun peuvent être diverses et nombreuses, plus ou moins légitimes, plus ou moins circonstancielles, mais toutes semblent pressantes pour ceux qui les demandent. Face à cela, l'institution pratique comme elle l'a toujours fait : avec patience. Bien sûr, cela va parfois lentement, et on pourrait souhaiter que les transformations soient plus rapides, mais la volonté d'amélioration est là. Et qui connaît l'histoire de l'Église sait aussi que, si elle met souvent du temps à initier le changement, elle finit toujours par évoluer pour s'adapter au mieux. Sa lenteur, d'une certaine façon, est le coût nécessaire de sa cohérence avec la volonté de Dieu autant que celui de sa stabilité. Comme le dit le dicton populaire : « Patience est mère de vertu. »

L'Église a un statut, et donc un tempo particulier : à la fois dans le monde et hors du monde, elle ne fonctionne pas tout à fait de la même manière qu'une institution politique « classique ». Elle a les défauts de ses qualités… mais aussi les qualités de ses défauts ! Elle est lente, certes, mais cela témoigne aussi du fait qu'elle sait prendre du temps, que ses décisions sont mûrement réfléchies, et donc pérennes. Cette temporalité, qui lui est propre, est à la fois ce qui la maintient parfois longtemps empêtrée dans ses contradictions du passé, mais aussi ce qui en fait une structure aussi stable. On pourrait effectivement attendre d'elle qu'elle aille plus vite… Mais cette aptitude à prendre du temps, notamment celui du débat et de la cohérence théologique, est ce qui la caractérise et la solidifie.

L'autre grande force de l'Église, c'est qu'elle sait lier foi et raison, et repose sur des fondements autant théologiques que philosophiques. Là encore, réconcilier ces deux piliers peut la ralentir, mais au bout du compte, cela l'enrichit toujours, et elle finit chaque fois par s'adapter aux grands enjeux de l'histoire. Il en a été ainsi pour l'esclavagisme, la peine de mort, le rapport aux autres religions, et tant d'autres choses… Ce sont des sujets sur lesquels l'Église n'a pas pris position tout de suite, mais a fini par offrir des propos réfléchis, distincts, avec des angles d'analyse propres et, nous y croyons, toujours mue pas l'Esprit.

On n'est plus à l'époque où l'expression « hors de l'Église point de salut » voulait dire que si l'on ne prêtait pas allégeance à l'institution, on était condamné pour l'éternité. Aujourd'hui, plus que la confession spécifique, elle reconnaît que c'est la foi qui prévaut. Son rapport aux autres traditions chrétiennes et même aux autres religions a ainsi évolué en un siècle : là où, autrefois, elle condamnait toutes les autres religions, chrétiennes et non chrétiennes, désormais, à travers les textes qu'elle promeut *via* la Commission théologique internationale et la Congrégation pour la doctrine de la foi (ancienne Sainte Inquisition), elle témoigne que l'on peut reconnaître la présence de Dieu même dans les autres confessions. Elle estime toujours qu'il n'y a qu'un seul Dieu et qu'il s'est pleinement révélé en Jésus, mais elle admet aussi que dans toute tradition philosophique et spirituelle sincère, comme dans le cœur des hommes et des femmes de bonne volonté, c'est déjà Dieu qui se fait connaître, au moins en germe. Ce changement n'a rien d'opportuniste, elle n'a pas retourné sa veste pour plaire à notre temps. Si elle a revu sa copie, c'est parce qu'elle a gagné en sagesse, affiné sa théologie, et s'est adaptée aux enjeux du monde d'aujourd'hui. Et ce n'est pas la première fois ! À la fin du XIXe siècle, elle condamnait le progrès, s'en méfiait. De nos jours, elle le reconnaît comme potentiellement vertueux et cherche à l'accompagner, pour le rendre toujours plus cohérent avec l'Évangile. Ainsi, actuellement, elle s'intéresse et milite pour deux causes essentielles qui, dans l'histoire, n'ont pas été parmi ses préoccupations primordiales : l'urgence écologique, et la nécessaire prise en charge de la crise migratoire.

Si, comme l'essentiel des catholiques, le pape est si attaché à ces deux causes, c'est parce que c'est sûrement là qu'il y a le plus de sens à annoncer l'espérance chrétienne en priorité. En témoigne la réception unanime de *Laudato Si* (l'ouvrage qu'il a écrit notamment autour du rôle que le catholicisme peut et doit jouer dans la sauvegarde de notre planète) partout dans le monde, et les prises de position régulières de François sur la cause des migrants, qui mettent à l'épreuve notre capacité de faire vraiment briller la Bonne Nouvelle et Dieu dans notre monde actuel.

Alors, quel avenir pour l'Église ?

La réponse tient sans doute en trois mots : confiance, espérance, charité. Ce sont les trois vertus dites « théologales », littéralement celles qui disent Dieu (*theos* en grec). Si celui-ci nous les a offertes, c'est pour nous permettre de tendre toujours mieux vers lui, pour perpétuellement nous améliorer, et vivre davantage de sa paix. En fait, elles constituent un cercle vertueux : plus on a confiance, plus on est porté par l'espérance, plus on aura tendance à être facilement au service les uns des autres, à vivre la charité, pour le bien de tous, et le nôtre avant tout… Car comment être pleinement heureux si notre voisin de palier est miséreux ? C'est notre propre bonheur qui en pâtira ! Notre épanouissement à chacun dépend de celui de l'autre. De la même façon, la communauté catholique est faite d'hommes et de femmes qui, pour devenir ce à quoi ils sont appelés, doivent chercher à mutuellement se rendre bienheureux, et travaillent ainsi en ce sens.

L'Église n'a jamais eu d'autre intention que de pouvoir mener ceux qui le veulent vers le bonheur, le vrai, celui que le Dieu qui nous a créés nous promet. Et même si parfois elle s'est égarée, c'est toujours dans la confiance, l'espérance et la charité qu'elle se doit d'avancer en priorité… Il n'y a que par là que Dieu, l'Amour même, pourra triompher, et ce, quels que soient les combats à mener.

C'est donc, en quelque sorte, une promesse de réconfort que nous fait la foi à travers l'Église, une invitation à tendre ensemble vers le bonheur. Et pourtant, on pourrait légitimement objecter que croire en Dieu ne préserve pas de la souffrance : bien des croyants connaissent le malheur, et nombre d'entre eux encore peuvent en créer chez autrui. Ça a presque l'air d'un paradoxe. Comment une institution fondée sur l'idée de l'amour de Dieu peut-elle ne pas être immunisée contre le mal ? Comment est-il seulement possible que le mal existe, dans un monde créé et voulu par Dieu ? Pourquoi, encore et encore, les hommes agissent-ils mal, si Dieu n'est qu'amour ?

Chapitre 7

Pourquoi le mal ?

Il suffit d'ouvrir un journal, de scroller sur les réseaux, de sortir dans la rue, pour y être confronté de plein fouet. Règlement de comptes, harcèlement en ligne, *pranks* malveillants… Jalousie, vengeance, intérêt… Partout nous sommes témoins d'injustices, de souffrances et d'offenses inutiles qui auraient pu être évitées. D'où cela vient-il ? Pourquoi les gens se font-ils tant de mal ? Qu'est-ce qui est à l'origine des innombrables petits actes mesquins dont regorge notre quotidien, et des non moins nombreuses catastrophes qu'on recense par dizaines dans l'actualité ?

La question est particulièrement éprouvante pour ceux qui veulent croire en un Dieu bienveillant, créateur du monde et profondément aimant. Comment ce Dieu peut-il laisser le mal exister ? Comment le mal a-t-il pu naître dans un monde que son Créateur a voulu bon ? Comment un Dieu qui n'est qu'Amour peut-il nous laisser avoir autant mal, et nous faire autant de mal ? Plus qu'une absurdité, c'est une véritable aporie – un problème sans solution. Après tout, dans le prisme chrétien, Dieu se présente à la fois comme un Père créateur, à l'origine de tout, comme un ami, Jésus, le Fils, et se dit présent en chacun par sa force d'amour, son Esprit saint... Un récit très « Bisounours » en définitive, où tout semble parfaitement bon du début à la fin. Alors comment concilier cette confiance avec la réalité du mal ?

Et déjà peut-être : c'est quoi, le mal ?

Tantôt on le subit, tantôt on le commet. Régulièrement inattendu, parfois prévisible. Le mal, c'est cette expérience que nous faisons ou que nous éprouvons tous, et qui fait mal, que ce soit à nous-mêmes ou aux autres. Qu'il soit tout de suite perceptible ou plus complexe à discerner, c'est un événement qui fait partie de trop de nos équations et qui pourtant ne devrait jamais en être – d'autant plus dans un monde où tout a été créé bon et en vue bien.

On s'attendrait à telle ou telle réalité bonne, ou au moins neutre, et on fait l'expérience de quelque chose qui nous blesse, nous paraît injuste, immoral. Que ce soit dans les plus simples, mais récurrentes, banalités de son expression au quotidien, ou dans les horribles drames que rencontrent chacune de nos histoires, on espérerait du mieux mais c'est le pire qu'on reçoit. Et n'est-ce pas là justement le plus difficile des aspects de la question : le mal est une absurdité. Il n'est que l'absence d'un bien qu'on pourrait logiquement désirer : l'incohérence dramatique entre une attente objectivement juste, raisonnable et bonne, et la réalité éprouvante de ce qu'on expérimente.

Régulièrement quand on pense à lui, on s'imagine d'instinct des guerres, des épidémies, des massacres, les pires catastrophes... En somme, un mal en apparence absolu, étranger, lointain. Et pourtant, l'essentiel de celui qui nous ronge au quotidien, qui nous éprouve et qui nous tue à petit feu n'est souvent pas de cet ordre... N'est-ce pas plutôt celui que nous expérimentons chaque jour, celui que nous font subir nos proches, nos collègues, nos amis, les mille et une petites crasses et galères auxquelles nous sommes confrontés chaque journée que Dieu fait.

Attention, cela dit : force est de reconnaître que le mal n'est que rarement délibéré. Les personnes foncièrement malveillantes existent, bien sûr, mais elles sont rares, et ne sont pas emplies de mauvaises intentions à chaque instant. Globalement, on a tous plutôt tendance à vouloir bien faire, et rechercher une forme de bien...

Une autre réalité difficile qu'il nous faut donc admettre le concernant, c'est que le mal qu'on expérimente n'est, la plupart du temps, que la rencontre malheureuse entre des conceptions contradictoires du Bien – plus que le produit d'une véritable intention de nuire.

Et en ce sens, reconnaître que mal n'égale donc pas toujours violence, en rajoute à l'épreuve. Le mal n'est pas forcément ce qui nous « arrive de mal » ou ce qui nous fait littéralement mal. Dans le règne animal, lorsqu'on voit une lionne qui déchiquette une gazelle, peut-on parler de mal ? C'est violent, bien sûr, mais c'est l'ordre naturel des choses. La douleur est une chose, la mort en est une autre, mais sont-ce pas avant tout nos interprétations morales, l'injustice que nous percevons, la perversion que nous croyons discerner, et nos attentes insatisfaites qui sont le mal qu'on expérimente.

Le mal, en soi, n'existe pas.

Nous n'allons pas le croiser dans la rue. Le monde a été créé bon, nous dit la Genèse, par un Dieu bon, et il n'existe donc pas, dans la nature, un être du mal. Au fond, c'est plus quelque chose de l'ordre de cette révolte que l'on éprouve lorsque nos aspirations légitimes sont déçues, un hiatus insupportable entre nos désirs et la réalité de ce que l'on vit. Nous espérions légitimement être en bonne santé, et nous subissons la maladie. Nous nous donnons les moyens d'avoir une vie confortable, et pourtant c'est la misère qui rythme notre quotidien. Ce que nous éprouvons comme un mal n'est en fait que l'absence d'un bien. Et cette expérience est partout, tout le temps, à chaque instant. C'est une trahison, un drame inexplicable, une dispute, un acte de vengeance, un banal malentendu… Ou simplement, un acte que l'on a commis pour « bien faire », et qui au final génère des conséquences regrettables. Et ça, c'est sûrement le plus difficile à admettre.

Si Dieu nous aime et veut que nous nous aimions aussi, pourquoi n'y parvenons-nous pas comme il le faudrait ?

Indéniablement, cela a de quoi laisser perplexe. Comment deux envies de bien faire peuvent-elles « donner » du mal ? Celui-ci serait-il alors nécessaire ? Dieu aurait-il une part cachée de sadisme ? Comment lutter contre le mal, comment s'en remettre, comment l'éviter ? À nouveau un flot de questions qui nous habite tous, auquel il ne semble pas y avoir de réponse simple ou satisfaisante, et qui nous laisse souvent comme désemparés.

La bonne nouvelle, c'est que nous ne sommes pas les premiers à nous interroger à ce propos. Le mal est sûrement l'une des problématiques les plus travaillées de toute l'histoire de l'humanité, des mythes fondateurs de nos aînés à la philosophie contemporaine. C'est même l'une des toutes premières questions abordées par la Bible. Ainsi, dès les premières pages du texte, la Genèse nous explique que Dieu a créé l'homme et la femme, leur a confié toute la Création pour qu'ils puissent y vivre et faire régner son œuvre de bonté. Et pour la bonne marche de ce plan, il leur a donné une règle. Adam et Ève pouvaient disposer de l'ensemble du jardin d'Éden, mais il leur était défendu de goûter aux fruits de l'arbre de la connaissance du bien et du mal. Cela constituait en quelque sorte un pacte, un contrat social entre Dieu et ce couple primordial, un « inter-dit », quelque chose d'entendu entre deux personnes, Dieu d'un côté, les hommes de l'autre, pour pouvoir d'autant mieux jouir de tout ce qui était donné. Mais Adam et Ève ont mangé du fruit défendu, eu honte de leur nudité, et éprouvé pour la première fois de la souffrance. Si le mythe a été interprété de multiples façons au fil des siècles, l'une de ses leçons les plus pertinentes reste celle-ci :

Le mal est propre à l'homme.

Nous sommes les seuls à pouvoir « reconnaître » le mal… Et à ce titre, nous y sommes particulièrement vulnérables. En effet, c'est une chose d'être une victime, mais c'en est une autre d'avoir *conscience* d'en être une. Et c'est souvent ça qui nous heurte le plus. Les animaux, eux, sont différemment concernés par cela. Ils ne sont pas immunisés contre l'expérience du mal et la souffrance, bien sûr, ils les ressentent, peuvent en pâtir physiquement et émotionnellement, comme nous. Mais nous sommes les seuls à souffrir de la conscience du mal, du *mal moral* pourrait-on dire, à souffrir non pas seulement des conséquences de la blessure du mauvais, mais aussi du fait même que nous savons que cela est mauvais. D'ailleurs, on ne souffre pas uniquement du mal lorsqu'on en est la cible : on peut aussi être extrêmement affecté par le mal dont on n'est qu'un simple témoin, précisément parce qu'on sait que c'est le mal, que c'est injuste.

Mais alors comment sait-on ce qui est mal et ce qui ne l'est pas ?

Selon le mythe d'Adam et Ève, le mal, c'est ce que l'on fait et qui nous éloigne de Dieu, tout simplement. Et après tout, c'est logique, si c'est lui qui est à la source de tout bien. Ainsi, tant qu'on a confiance en Dieu et qu'on marche dans les voies qu'il nous propose, « tout est grâce », comme disait sainte Thérèse de Lisieux… Par la confiance, la foi, même l'incompréhensible de cette absurdité peut être dépassé. Mais si l'on se détourne de la source même du Bien, que ce soit en succombant à la tentation, par perversion, ou par désespérance, là, le mal surgit dans nos vies.

Certes, la prétention peut paraître énorme, et pourtant, n'est-ce pas là le témoignage que nous ont offerts les plus grands saints : capables d'endurer les pires épreuves et tourments, confiants, paisiblement…

Le mal, au fond, c'est ce qui nous fait mal.

Pourquoi le fait-on, alors ? Parce qu'on le peut. Et pourquoi le peut-on ? Parce que, contrairement aux animaux, nous sommes libres ! Là où les animaux sont déterminés et ne réagissent à des *stimuli* externes qu'en fonction de leurs peurs et besoins, l'homme est capable de poser des actes libres, qui peuvent sembler échapper à toute rationalité en apparence. Et cette imprévisibilité-là, le caractère illimité de toutes les actions qu'on peut choisir d'entreprendre sont comme une porte ouverte au meilleur comme au pire. Aucune autre espèce n'est capable d'actes aussi terribles que de se faire du mal à soi-même ou d'en faire aux autres, par simple sadisme, de même qu'aucune autre n'est capable de se sacrifier pour sauver la vie d'un inconnu.

Sans verser dans le spécisme (ce n'est pas parce que les animaux n'ont pas de libre arbitre équivalent au nôtre qu'ils nous sont « inférieurs »), l'homme occupe une place particulière dans le règne du vivant. Il est le seul à être capable du bien, puisque aucune autre créature ne peut dépasser, au même degré que lui, une logique purement conditionnée... Mais il n'y a aussi que lui pour commettre le mal, puisqu'il est le seul à pouvoir en avoir l'intention. C'est un pouvoir immense, qui peut donner à nos vies une richesse inouïe, mais qui peut aussi être la source de nos plus grands tourments.

Mais alors, face à ce mal qui trop souvent nous ronge, que faire ?

Dans la Bible, Dieu offre une recommandation étonnante : être comme des petits enfants. Ça a quelque chose de presque contre-intuitif : les tout-petits ont l'air d'être moins armés que nous face aux difficultés du monde... Et pourtant. Si Dieu nous donne ce conseil, c'est peut-être pour que nous réussissions à mieux vivre l'expérience du mal. En effet, les enfants sont emplis d'une confiance qu'ils perdent en grandissant, d'une foi en le monde, en l'avenir, qui leur permet plus que n'importe qui de savourer l'existence, d'être dans le temps présent, et donc d'excuser l'épreuve, sans pour autant la qualifier forcément de mal. Cela les rend vulnérables, bien sûr, et il ne s'agit pas de laisser tomber toutes ses défenses pour se rendre aussi démunis qu'eux, mais l'idée est peut-être de s'inspirer de cette innocence, de cette candeur qui les anime. Ils ressentent le mal, bien entendu, ils le vivent, mais ils n'ont pas intégré la croyance selon laquelle le mal est inévitable. Nous, adultes, avons tendance à penser que la fatalité continuera de nourrir le mal, qu'il faut se méfier de tout un chacun… Et, ce faisant, on renforce sa souffrance : lorsqu'un mal nouveau survient, au lieu de n'être frappé « que » par lui, on se prend chaque fois en plus le poids de tous les malheurs passés, plus l'appréhension de ceux à venir, parce qu'on les vit comme liés, inévitables, insurmontables. Notre façon de comprendre le monde nous donne l'impression de voir de l'injustice et de la perversion partout. Mais quelque part, si, comme les petits enfants, on considérait chaque fois le mal comme une forme d'accident, de phénomène isolé, alors on pourrait à nouveau plus aisément se concentrer sur le bien autour de nous. Ainsi, on cesserait de vivre dans la rumination, la récrimination, l'appréhension, l'incompréhension, et on parviendrait mieux à surmonter toute cette souffrance qui nous assaille.

L'autre clé que nous a offerte Dieu… Le pardon.

C'est la suite logique de cette attitude d'innocent accueil de la réalité du monde… De fait, spontanément, certains objecteront que le pardon ne préserve pas du mal. Il est vrai qu'il ne l'annule pas, et ne le fait pas davantage s'évaporer dans les limbes de l'oubli. En revanche, il permet de le vivre différemment et sans se laisser enfermer.

En effet, le pardon n'importe pas tant pour celui qui le reçoit que pour celui qui le donne. Son rôle n'est pas de prétendre qu'il ne s'est rien passé, mais de nous faire croire que malgré tout, à l'avenir, ça pourra mieux se passer. Comme disait le philosophe Paul Ricœur, « pardonner, c'est croire que l'autre vaut mieux que l'acte qu'il a posé ». Être capable du pardon, c'est s'autoriser à avancer malgré les cicatrices, à retrouver foi en l'avenir, à poursuivre son chemin sans vivre dans l'appréhension que le mal se reproduira, et surtout, sans continuer de subir le contrecoup de cette blessure qui nous a été infligée. Quand on cherche à pardonner, on tente de recommencer à considérer l'autre pour ce qu'il est, en tout cas à son origine, tel qu'il a été créé, et non plus seulement comme le responsable de sa faute. On essaie de détacher son acte de qui il est en tant que personne, pour reconnaître en lui un individu qui a certes failli à un instant T, mais qui, dans l'absolu, peut faire à nouveau le bien, qui continue à avoir du bon en lui. Voilà comment le pardon, étymologiquement le « don parfait », fait réémerger la bonté et l'espérance en chacun de nous. Il nous permet à tous de percevoir – et d'être perçus pour – ce qu'il y a de moins mauvais en chacun. Il contre le mal en l'empêchant de prendre le contrôle de nos vies, de nous définir. C'est en osant se pardonner les uns les autres que l'on continue à nourrir l'espoir de lendemains meilleurs. Pardonner, chercher à pardonner, au moins dans son cœur, sans pour autant le verbaliser, c'est donc nécessaire pour continuer d'avancer malgré nos blessures non encore cicatrisées, mais aussi pour continuer à nous pousser à être bons (et donc à nous prémunir de nous laisser contaminer par le mal). En somme, grâce au pardon, le mal importe toujours, mais moins… On le ressent, bien sûr, mais petit à petit avec moins de violence ; ou en tout cas, on est moins entravé par le handicap qu'il avait généré.

Pardonner n'est bien entendu pas oublier, les cicatrices demeurent, et demeureront parfois toujours. Mais c'est poser le choix, parfois presque illogique, de pouvoir de nouveau aller mieux, voire de faire en sorte que l'autre aille mieux, non pas dans l'attente d'un événement extérieur qui permettrait de dépasser tout ça, mais par l'exercice de la confiance (et sûrement aussi d'un peu de grâce de Dieu).

Concernant le mal qu'on commet…

Pour chercher à l'éviter, il faut déjà comprendre d'où il vient. Et c'est une question épineuse : s'il ne vient pas de Dieu, d'où peut-il tirer ses racines ? À cela, la philosophie chrétienne répond : de notre liberté. En effet, comme le présente la Genèse : tout est créé bon. À chaque fin de journée de la Création en six jours, « Dieu vit que cela était bon ». Il n'a donc pas inoculé le mal dans notre monde, il n'a même pas prévu de place pour lui. La force du mal ne se promène pas dans la nature... L'idée d'un « diable » qui errerait au gré du vent pour habiter les âmes des badauds et leur faire commettre des atrocités n'est d'ailleurs pas vraiment catholique, mais plutôt païenne. Le mal, pour les chrétiens, n'est pas extérieur, il ne nous tombe pas dessus comme une fatalité. Et s'il peut en venir à nous posséder, il émane toujours du fait qu'on est libre. On le commet non parce qu'il est là, qu'il nous envoûte, mais parce qu'on le peut, et qu'on y consent. Ce sont nos complaisances, nos cupidités, nos désirs égoïstes qui le préparent, le font naître, et qui constituent une forme de terreau aux forces malignes de notre agir, et non pas Dieu, ni Belzébuth, ni même l'ordre naturel du monde...

Le mal n'est pas forcément là où on le pense.

Si l'on a dit que l'être humain était le seul à pouvoir reconnaître le mal, ça ne signifie pas pour autant qu'il est infaillible à le reconnaître ! En effet, bien fréquemment, on va avoir tendance à ne pas le voir venir, et telle est sûrement l'une des causes de nos plus grandes souffrances : un des pires maux dont on peut faire l'expérience est souvent celui que se font deux personnes qui voulaient avant tout bien faire. C'est sûrement la raison pour laquelle Dieu donne aussi un autre conseil :

Essayer d'aborder le monde avec les yeux de l'autre…

Nous exercer à considérer le point de vue de ceux qui croisent nos routes, à ne pas nous contenter de notre propre vision des choses. Si l'on regarde un cylindre du haut, du côté ou depuis la diagonale, on verra des choses très différentes : un rond, un rectangle, un genre de losange… De la même manière, nous ne percevons pas une situation donnée de la même façon selon le rôle que nous y jouons et le point d'observation par lequel nous l'abordons. Un adolescent qui ment à sa mère à propos d'une mauvaise note en physique, pour ne pas l'inquiéter, ne cherche pas à la blesser mais à la préserver. Si, dans un couple, un seul des deux partenaires veut un enfant, aucun ne cherche à nuire à l'autre, et même souvent au contraire. Les deux veulent le meilleur, relativement à leurs points de vue, à leurs valeurs et à leurs considérations du monde. Ils sont sincères, et pourtant en contradiction. Tous deux veulent bien faire, dire la vérité, protéger le bien-être de leur foyer et d'un potentiel enfant à naître, et pourtant, sans une bonne et belle compréhension de la vision de l'autre, il y a de fortes chances pour que cette question devienne source de conflit.

Ces situations sont fréquentes dans nos vies : malgré nous, nous contrevenons au désir d'autrui, et lui faisons mal ainsi... On veut bien faire, mais on ne veut pas la même chose que l'autre et l'on a tendance à l'oublier, à occulter le fait que nos aspirations ne sont pas des évidences mais le produit de tout un ensemble de paramètres, de logiques... Même avec les meilleures intentions du monde, si l'on ne prend pas en compte les attentes de l'ensemble des personnes impliquées, on risque de faire du mal à quelqu'un au passage. Vouloir bien faire ne nous donne pas raison. La vérité n'est sûrement jamais pleinement nôtre. Elle réside beaucoup plus dans la somme des points d'observation. Faire ce travail de recul, de prise de conscience, de dialogue est bien évidemment une entreprise ardue, mais pas impossible. Petit à petit, plus on fournit cet effort d'élévation, de détachement de ses propres attentes, de remise à niveau de son propre point de vue, plus on gagne en finesse, en lucidité, et donc plus on en vient à faire du bien autour de soi.

Certes, ce n'est pas chose aisée.

Parfois, même lorsqu'on fait de son mieux, qu'on interroge ses actions, on échoue à bien agir. Même saint Paul le reconnaît : « Je ne fais pas le bien que je voudrais et je fais le mal que je ne voudrais pas »

(Rm 7, 19). Parfois aussi, on croit être sincère, bienveillant, pour finalement se rendre compte que l'action qu'on a commise était un peu douteuse, intéressée ou complaisante.

Alors, que faire ?

Se flageller ? Essayer de tuer le mal en soi ? L'ignorer ? Non bien sûr ! L'enjeu réside plutôt dans le fait de purifier nos mauvais instincts, d'essayer de les reconnaître, de les comprendre, avec humilité, calme et patience. Soyons indulgents : le bien et le mal sont parfois franchement difficiles à distinguer. Si l'on commet si souvent le mal alors qu'objectivement ça fait mal, c'est bien qu'il a régulièrement un côté plaisant. Et si l'on ne fait pas le bien aussi souvent qu'on voudrait, c'est sûrement parce que ça nous paraît moins évident, moins gratifiant, moins facile à réaliser. Il ne faut pas se laisser assaillir par la culpabilité de ses propres erreurs, cela ne sert à rien. D'ailleurs, elles font souvent partie de nous : en général, les personnes qui viennent se confesser régulièrement auprès d'un prêtre racontent chaque fois les mêmes péchés… Et tant mieux ! Mieux vaut quelqu'un qui se bat toujours contre le même mal, que quelqu'un qui en expérimente de différents. Ça ne veut pas dire qu'on est dans une sorte de fatalité, qu'on est condamné à toujours succomber aux mêmes travers. Le mal qu'on commet n'est pas une espèce de malédiction indéterminée qui pèse sur nous. Il n'est pas étranger ou inconnu : quelque part, il vient de nous, de qui l'on est. On peut apprendre à le « domestiquer ». Personne n'a à souffrir de ses failles, bien au contraire : on en a tous, c'est comme ça, inutile de s'en vouloir. En revanche, on peut essayer d'en tirer le meilleur. Elles sont souvent des motifs de honte, de fragilité, certes. Mais elles sont aussi parmi ce qu'on a de plus sincère, de plus vrai. Et celui qui a la foi reconnaît que c'est Dieu qui vient les combler, pour nous offrir d'être pleinement restaurés dans la bonté de ce qu'on est. Souvent, quand on est satisfait de la vie qu'on mène, à l'aise financièrement, bien portant et sûr de soi, on ne laisse plus trop de place à Dieu dans son existence. En revanche, reconnaître ses faiblesses, ses vulnérabilités, c'est aussi s'offrir la possibilité de cultiver une plus grande sincérité. Dans nos vies, nous ne nous y trompons pas : nous sommes rarement attirés par les gens perçus comme intouchables, parfaits, qui nous paraissent inaccessibles. Ce sont des personnes qui assument leur personnalité jusque dans ses failles que l'on se sent le plus proche, en vérité… Quand on demande aux couples ce qu'ils aiment l'un chez l'autre, ce sont aussi souvent leurs petits défauts ! Eh bien, il en va sûrement de même pour Dieu… Car c'est bien par nos failles qu'on le laisse venir à nous. Alors, sans complaisance bien sûr, on peut s'appliquer à ne pas les détester, mais plutôt à les prendre pour ce qu'elles sont, à les regarder sans trembler, et en faire des ponts avec autrui, avec Dieu, et avec sa propre intériorité.

Mais si ces failles peuvent nous être salvatrices, pourquoi nous font-elles si mal ?

La question est peut-être avant tout de savoir quel est ce mal qu'on éprouve face au mal. D'où vient-il ? Pourquoi, au fond, le mal nous fait-il mal ?

Les blessures que le mal nous inflige ne sont pas toujours physiques, mais aussi souvent morales. C'est la différence classique entre la douleur et la souffrance : en général, schématiquement, la douleur se réfère plutôt au physique tandis que la souffrance concerne l'émotionnel, le psychique.

La douleur en elle-même n'est pas originellement « mauvaise ». Dans la plupart des cas, chez une personne en bonne santé, elle est avant tout un signal, souvent pertinent. Si l'on place sa main au-dessus d'un feu, le mal que l'on éprouvera sera instructif : c'est par le stimulus de la douleur qu'on comprend qu'il ne faut pas laisser sa main là, pour ne pas brûler ; si l'on a horriblement froid, c'est le signe que l'on doit aller se mettre au chaud ou que l'on commence à être malade.

Concernant la souffrance, on a tendance à la penser toujours comme néfaste, nocive, voire comme une force mauvaise à étouffer à tout prix. Mais ne pourrait-elle pas être, dans nombre des expériences que nous en faisons, une sorte d'équivalent moral de la douleur ? Ne pourrait-on pas y voir surtout le signe qu'il est temps de réajuster son équilibre intérieur, de se remettre droit, de réembrasser ce qui est juste (et que Dieu veut pour nous). Dans le livre de la Bible qui porte son nom, sans doute le texte biblique qui creuse le plus la question du mal, Job dit lui-même : « Nous acceptons le bonheur comme venant de Dieu, pourquoi n'accepterions-nous pas le malheur aussi ? » (Job 2, 10). C'est un absolu, certes, mais ne gagnerions-nous pas à tenter aussi de rendre grâces pour nos souffrances, et à oser les entreprendre comme des signaux bienvenus ?

La proposition est pour le moins ardue, et n'a sûrement pas valeur universelle. Toutefois, n'est-ce pas une option que nous écartons trop souvent ? Il existe un courant de la théologie nommé « théodicée », qui cherche à étudier la question de la coexistence de Dieu et du mal, et le paradoxe que cela pose. Cette approche (qui signifie littéralement « justification de Dieu ») a donné lieu à de nombreuses hypothèses, voire à des tentatives d'explication des raisons pour lesquelles le mal et le malheur existent. L'une d'entre elles propose d'aborder le monde comme une sorte de tapisserie, dont nous ne voyons aujourd'hui que le verso, les enchevêtrements, les nœuds et les coutures. Ici-bas, ce sont les épreuves et les ténèbres que nous observons. Mais le jour où « le grand passage » dans l'au-delà aura été effectué, nous aurons alors accès au recto, à l'image réelle, dans toute sa beauté, ses couleurs, ses contrastes et son entièreté. Bien que limitée, ce que cette analogie suggère, c'est d'oser avoir foi, accepter ce que nous recevons aujourd'hui, dans l'attente confiante de ce que Dieu nous révélera au paradis. Attention, il ne s'agit nullement d'aborder le mal comme nécessaire, ni d'en être abattu, amer, mais bien d'adopter une posture saine et remplie d'espérance. Et pour tendre vers cela, sûrement faut-il en finir avec trois fausses croyances, trois attitudes nocives que l'on retrouve souvent tant dans nos préjugés à l'encontre de la religion que dans nos comportements au quotidien…

1. Ne pas rechercher le mal.

Il semble parfois tentant de convoquer le mal soi-même, de chercher Dieu et son salut dans la morsure du mal ; de se racheter, d'une façon ou d'une autre, grâce aux épreuves, en se mortifiant pour lui plaire, de lui montrer qu'on a conscience d'être imparfait, et de s'infliger cela pour se forcer à devenir meilleur. Ça paraît absurde ? Et pourtant ! On a connu plusieurs courants chrétiens qui nourrissaient cette croyance de façon délétère, notamment le jansénisme. On peut aussi penser par exemple au personnage du roman *Da Vinci Code*, qui se torture au cilice pour « satisfaire » Dieu… Ou encore à nombre d'entre nous qui, pour se racheter d'un passé coupable, tombent dans une ascèse tout autant préjudiciable. C'est là une attitude destructrice, qui ne correspond en rien à ce que Dieu veut pour nous ! Notre souffrance ne lui plaît pas, elle n'est pas et n'a jamais été son désir. La souffrance vient de nous en quelque sorte, elle est notre réaction naturelle face à une injustice, à un déséquilibre, et elle nous permet de réajuster notre perception : elle n'est en rien un éclair foudroyant lancé sur nous par un Dieu furieux. Rien ne sert d'aller la provoquer ! Ce n'est pas sain de se fouetter ou de s'affamer au quotidien pour contenter Dieu… On partage sûrement un peu tous cette idée, mais elle n'a rien de fondé, en tout cas théologiquement parlant. La punition ne fait pas partie de la révélation chrétienne. La justice, elle, fait intrinsèquement partie de notre foi, oui, mais pas une justice qui condamne avant tout, potentiellement destructrice ou humiliante. Elle cherche à rééquilibrer la situation, et vise la « justesse » autant pour la victime, en lui offrant réparation, que pour le coupable, en lui permettant de redevenir juste. Faire la justice, pour ce dernier, c'est surtout lui offrir un chemin de reconstruction, qui pourra peut-être passer par des privations, oui, mais pas destructrices. L'idée est de lui permettre de se réparer et de redevenir bon, « juste », tel qu'il a été originellement créé. De susciter donc avant tout les conditions adaptées pour que cela puisse se produire, plus que de le condamner pour le condamner.

Dans la Bible, Jésus lui-même ne punit d'ailleurs jamais les personnes ! Tout ce qu'il dénonce, ce sont les paroles et les actes des hypocrites, de ceux qui jugent les autres sans être capables d'être honnêtes et lucides sur ce qu'eux-mêmes vivent réellement. Quand on y regarde de près, il ne s'en prend jamais aux pécheurs mais bien toujours au péché, et en cela il offre à ceux qui sont tombés le moyen de se relever, de se détourner du mauvais, et idéalement de ne plus trébucher. Faire justice, au sens chrétien, n'est pas condamner ou punir en premier, mais offrir tant à la victime qu'au coupable une voie pour que chacun puisse redevenir juste, se redresser, et ne plus se laisser ronger.

2. Cesser de croire en l'existence d'un mal nécessaire.

Certains semblent penser qu'avoir mal pourrait plaire à Dieu. D'autres pensent aussi qu'on est parfois obligé de passer par telle ou telle épreuve, qu'on a besoin de ce genre d'expériences pour connaître le vrai bonheur, qu'on n'est pas un être complet si on n'a pas fait l'expérience du mal, le vrai. « Le miel ne serait pas le miel sans le vinaigre », nous raconte ainsi le film *Vanilla Sky*, insinuant qu'il faut nécessairement avoir goûté au vinaigre pour pouvoir profiter du goût du miel… *Bullshit !*

Là encore, ça n'a rien de chrétien ! On n'a pas besoin d'un quota de mal à atteindre pour pouvoir « déverrouiller » le bien… On ne crée pas, on n'a jamais créé du bien à partir du mal ! Le mal ne nous fait rien développer de vertueux en lui-même. C'est notre réponse face au mal, et seulement elle, qui nous fait grandir. C'est la place qu'on accorde à la sagesse, l'amour, l'espérance et la confiance en Dieu, lorsqu'on est confronté au mal qui nous fait petit à petit le dépasser. Le mal pour le mal, ça rend juste zinzin, et clairement pas meilleur !

Plus largement même, on entend aussi ce discours y compris dans des contextes non religieux, par exemple après des ruptures amoureuses. On a tendance à se dire « heureusement que je suis passé par là, heureusement qu'il ou elle m'a fait souffrir, sinon je ne serais pas devenu(e) la personne que je suis aujourd'hui », ce genre de choses…

Sauf que non !

On peut apprendre autrement, on n'est pas obligé d'en passer par là ! Le mal n'a pas de vertu, il ne nous élève pas. C'est la façon dont on s'en sort et dont on a appris à s'en sortir qui nous fait grandir ! Le mal n'est pas un passage incontournable vers le bonheur. On n'a pas à cocher une check-list du mal pour atteindre le bien, on n'a pas à se laisser démolir pour prétendre peut-être jouir un jour.

D'ailleurs, l'idée assez courante désormais selon laquelle toute force bienfaisante se double d'une force malfaisante équivalente est un enseignement oriental, bouddhiste, et non pas chrétien. Dans le monde tel que Jésus apprend à le voir, il n'existe pas d'idée de « karma », de rééquilibrage des forces, étant donné qu'il n'y a pas de mal en soi. Le mal n'est jamais obligatoire, ni inévitable, vu qu'il n'appartient pas à l'ordre « naturel » du monde.

Alors que faire si le mal n'est pas nécessaire ? Une fois de plus, essayer humblement de le combattre ou de s'en extraire, en adoptant un regard de confiance, sans tentations mortifères, sans chercher à subir une forme de mal initiatique ou à se soumettre à un certain nombre d'épreuves pour devenir digne du bonheur. Juste accueillir nos diverses expériences, et chercher à toujours les traverser en en tirant le meilleur.

3. Dernière tentation : le fatalisme et la résignation.

De temps en temps, las, on pourrait se dire : à quoi bon ? Le mal n'est-il pas inéluctable ? Ne sommes-nous pas voués à tomber dedans, encore et encore ? Eh bien non !

Si l'on regarde Jésus lui-même, dans la Bible, on le voit bien : il ne baisse jamais les bras face au mauvais. Bien au contraire même, s'il a à ce point marqué les foules de son époque, c'est parce qu'il n'a jamais cessé de combattre les maladies, les handicaps et les malheurs de ceux qu'il croisait, ni de dénoncer les injustices de son temps, les incohérences et les hypocrisies des puissants. C'était même l'un de ses principaux chevaux de bataille : dénoncer ceux qui, s'appuyant sur la loi de Moïse, demandaient aux autres de faire des choses qu'ils ne faisaient pas eux-mêmes. Jamais il n'a « laissé tomber », jamais il ne s'est dit « à quoi bon, tant pis, c'est le destin ». Il a été jusqu'à donner sa vie pour combattre le mal ! L'aurait-il fait s'il avait pensé que le mal était inexorable, que le monde était voué à perpétuellement céder à la tentation ? Si vraiment le mal était une malédiction, se serait-il évertué à le combattre toute sa vie et, surtout, aurait-il pu en triompher ?

Alors certes, on n'est pas tous Jésus…

C'est sûr, on n'est d'ailleurs clairement pas tous appelés à être martyrs… mais cela ne veut pas dire pour autant qu'on est impuissants face au mal ! Tous, nous sommes invités depuis la Genèse à poursuivre l'œuvre de Dieu, pour un monde meilleur autant que pour notre propre bonheur.

C'est ce qu'a toujours fait Dieu, depuis l'Ancien Testament d'ailleurs ! On le perçoit parfois, le Dieu décrit dans la première partie de la Bible comme revendicatif, vengeur, et donc différent de ce que Jésus a donné à voir (ce fut même une thèse – hérétique – défendue au IIe siècle par un certain Marcion, pour qui le Dieu de l'Ancien Testament et celui du Nouveau étaient deux dieux distincts !). Or, on l'a déjà dit, Dieu n'est qu'un. S'il a l'air « différent », c'est que là où, dans l'Ancien Testament, il est raconté à travers les yeux des hommes (les patriarches et les prophètes notamment), dans le Nouveau Testament il s'est révélé à nous lui-même. Si les hommes ont lié certains massacres de l'Ancien Testament à Dieu, c'est probablement parce que leur lecture était biaisée : ils racontaient ce qu'ils comprenaient de lui à travers leur vécu, les repères culturels de leur temps, et l'interprétation qu'ils se faisaient de lui. Dieu a toujours combattu le mal, et ce n'est pas pour autant qu'il est sanguinaire, loin de là ! Si c'est une image que l'on peut parfois avoir en tête, c'est avant tout dû à une certaine tendance à la schématisation.

Comment s'y prendre, alors, pour faire front au mal ?

Jésus nous y invite tout au long du Nouveau Testament, mais il est vrai que depuis notre XXIe siècle et les drames sans pareils dont l'histoire récente a témoigné, la réalité nous a pour ainsi dire obligés à penser à nouveaux frais la théologie sur le sujet.

Pour lutter contre le mal qu'on subit, on l'a vu, le pardon et la conversion du regard sont à coup sûr les meilleures clés. Malgré l'aspect potentiellement contre-intuitif de la chose, on a tout intérêt à aborder le mal avec des yeux toujours plus remplis d'espérance, de charité, de confiance. En parallèle, pour le mal qu'on commet, la tâche n'est pas toujours plus aisée… C'est tout le combat personnel et spirituel contre le péché. Le péché n'est pas tant une faute morale que le fait de se couper volontairement de Dieu, et donc des autres, qui, quelque part, sont le reflet de son visage à lui. Dans la logique théologique, tant qu'on sera dans le péché, on ne pourra jamais être pleinement heureux, car on sera coupé de la source même du bien. Si l'on croit que Dieu nous a créés par amour et pour l'amour, s'éloigner de lui, c'est aussi se priver de toute chance de connaître l'amour, le vrai. C'est donc là tout l'enjeu du combat spirituel : laisser de notre espace intérieur à Dieu, lui offrir plus de place qu'à nos propres désirs et bonnes idées. Et ce n'est pas par l'exercice de nos vertus les plus nobles que nous réussirons à définitivement ne plus faire mal, et parviendrons ainsi au bonheur plein et entier, mais en lui faisant confiance et en essayant de faire sa volonté. Après tout, si nous ne sommes pas le fruit du hasard, mais que nous avons été chacun voulus et désirés par et pour le Bien, comment celui qui nous a donné vie pourrait-il nous laisser dans la galère ? Il faut se dessaisir de l'idée selon laquelle c'est « au mérite » qu'on gagne son salut, autrement, on risque de tomber dans l'hérésie, jadis assez répandue chez certains catholiques, qu'on appelle le pélagianisme. Dieu ne nous sauve pas par nos œuvres, nous n'achetons pas notre paradis par une somme de bonnes actions. C'est simplement par sa grâce qu'il nous sauve. Et, comme pour pouvoir profiter du cadeau que quelqu'un nous fait, il faut avoir confiance en lui, sinon on doute et on risque de refuser le présent qui nous est donné. C'est ça au fond la foi, non pas tant une pratique qui nous vaudrait des mérites qu'une simple et sincère confiance. Et si la tradition chrétienne a toujours mis la charité à l'honneur, ce n'est donc pas pour gagner le Ciel, mais bien parce que, confiants de ce que nous sommes, que le paradis nous est déjà offert, autant essayer par la pratique de pouvoir vivre de cet amour plein et entier dès ici-bas. Peut-être donc juste essayer de combattre le mal non pas par ses forces à soi mais par la confiance que Dieu place en nous.

Pour être pleinement apaisé, pleinement habité par celui qui peut tout, ne serait-ce pas finalement le seul enjeu ?

Lui faire assez confiance pour le laisser être à travers nous ? Oui, mais enfin, pourrait-on objecter, c'est un peu tautologique, ça s'autoconfirme… C'est facile pour un croyant de faire confiance à Dieu pour croire que tout ira bien. N'est-ce pas qu'une béquille ? Quelque chose qu'on se répète, dont on s'autoconvainc, pour chercher à ne plus avoir peur ? Au fond, toutes ces histoires de Dieu Créateur qui veut le meilleur pour nous et auquel on peut se fier, n'est-ce pas une jolie fable en laquelle croient les chrétiens surtout pour avoir moins peur du pire qui soit : la mort ?

Chapitre 8

Qu'est-ce que la mort ?

Avec la confiance, l'espérance est sans nul doute l'un des plus grands moteurs de notre humanité. Dans la vie, pour avancer, on a besoin de perspectives, idéalement heureuses. Parvenir à se projeter est essentiel pour notre bien-être au quotidien. La façon dont on appréhende l'avenir peut complètement faire basculer notre manière de vivre. Prenons l'exemple d'un lycéen de terminale un peu médiocre, à quelques semaines du baccalauréat, qui n'a aucune idée de ce qu'il fera l'année suivante, et qui n'aura de toute évidence guère de motivation pour se donner les moyens de réussir l'épreuve qui l'attend. Si ce même lycéen, avec les mêmes notes, sait qu'il est déjà admis dans l'école qu'il souhaite, à condition d'obtenir le bac, il sera alors autrement plus déterminé, et aura plus de raisons de s'investir dans son travail, mû qu'il est par la belle promesse qui lui sourit à l'horizon.

La façon dont on espère demain transforme notre présent.

Autre exemple : un salarié en entreprise, allergique aux lundis, abonné aux heures sups, et à qui le sens de son activité échappe de plus en plus... Le moins que l'on puisse dire, c'est qu'il ne doit pas être des plus épanouis au travail. Mais s'il obtient des raisons légitimes de croire que de nouveaux projets, créatifs et responsabilisants, lui seront bientôt confiés, n'en sera-t-il pas plus enthousiaste dès aujourd'hui ? Avoir confiance dans le fait qu'un jour on deviendra pleinement ce qu'on est appelé à être... Est-ce que ça ne change pas tout ?

Une jeune femme de 25 ans que son fiancé vient de quitter, en lui signifiant au passage qu'elle lui était devenue fade et ennuyante... Qu'est-ce qui va lui permettre de rebondir ? Qu'est-ce qui va lui offrir de nouvelles perspectives ? Si elle se morfond, si elle se dit que plus rien de bon ne l'attend, de façon un peu autoréalisatrice, il y a de fortes chances qu'elle ne sorte plus, qu'elle demeure enfermée dans ce *statu quo* moribond, et que ce qu'elle appréhendait lui arrive... En revanche, si un ami vient la réconforter, lui rappeler toute la beauté de ce qu'elle est, et donc les promesses légitimes auxquelles elle est encore appelée, sans doute cela lui permettra-t-il d'oser y croire à nouveau.

Dans toutes ces situations, l'alternative de base est la même : avoir confiance, ou pas. Choisir de croire en quelque chose qui nous donne de l'espoir, ou bien croire que cela ne sert à rien, que la vie est absurde, que tout est fini pour nous. Laquelle de ces deux options vaut mieux ? Laquelle nous donnera la confiance nécessaire pour continuer à avancer, et ce, malgré les difficultés ? Quel que soit l'avenir qui se présente à nous, vaut-il mieux croire que tout est voué à l'absurde ou avoir confiance dans le fait qu'un meilleur est possible ?

Croire ouvre le champ des possibles…

Et ça, finalement, on l'a compris même en dehors du cadre religieux. Parce que, au fond, depuis trois siècles, que font les philosophes, les penseurs et gourous modernes, si ce n'est tenter de trouver les réponses au problème du bonheur alors qu'ils en ont ôté la source même de l'équation (Dieu) ? N'essayent-ils pas de proposer des théories du bien et de l'accomplissement qui étaient déjà dans l'Évangile ? La Bible n'avait-elle pas déjà tout dit ? Quand Nietzsche développe sa philosophie morale, sa vision du monde, ne propose-t-il pas en réalité un Évangile sans Dieu ? On nous fait parfois croire que les philosophes athées ont tout inventé ou presque, mais en réalité ils ont eux-mêmes baigné dans des environnements chrétiens, qui les ont formés et faits devenir ce qu'ils sont.

Aujourd'hui, notre quête de bonheur à tous n'est-elle pas, d'une certaine façon, celle de la Bonne Nouvelle, l'Évangile, moins le Divin ? Ne sommes-nous pas finalement, lorsque nous adoptons telle ou telle démarche de développement personnel ou de bien-être, dans des formes de duplication du message chrétien auquel on a soustrait Dieu ? Ne voit-on pas dans l'engouement actuel pour la méditation une forme de parallèle avec cet élan naturel partagé par nous tous qu'est la prière ? Parce que en réalité, qu'est-ce que la prière, sinon une sorte de méditation, de temps de réflexion pris pour soi, avec Dieu, pour laisser en nous s'épanouir du mieux ? Finalement, même si on n'en a pas forcément conscience, le témoignage que nous a laissé Jésus nous influence et nous accompagne un peu tous au quotidien, dans notre quête d'accomplissement.

Si nous ne le voyons pas tous comme le maître de la vie et celui qui nous a offert le paradis, d'aucuns, toutes traditions confondues, s'accordent à reconnaître en lui un philosophe, un véritable « docteur ès sagesse », et même sûrement l'apôtre de l'amour. Sa Parole peut s'appliquer à tous car elle nous concerne tous. Elle peut guider chacun, même si l'on ne croit pas en lui. La preuve avec trois exemples, trois pistes qu'il nous a transmises, et que nous avons tous faites nôtres, même si elles ont été particulièrement laïcisées et sécularisées en deux mille ans.

1. L'amour, la relation avec l'autre.

C'est le « grand classique » du christianisme, et ce, pour une bonne raison ! C'est le premier de tous les commandements, nous dit Jésus. Sans doute sa recommandation la plus riche, la plus belle, et celle qui transforme le plus durablement et le plus profondément nos vies. Aimer son prochain comme soi-même, choisir de vivre dans l'amour, par l'amour, et surtout pour l'amour.

2. La préservation du vivant.

Cela peut paraître étonnant, mais le christianisme contient bel et bien un message éminemment écologique : il nous faut chérir la Création, parce qu'elle est l'œuvre de Dieu. Et la préservation de l'environnement ne s'entend pas seulement sur le plan de la nature, mais bien aussi sur celui de la justice sociale. La protection de notre « maison commune » s'étend autant à nos interactions avec les autres qu'à celles que nous avons avec la matière, les éléments et l'ensemble du règne animal… Il s'agit de trouver et de permettre à chacun de trouver aussi sa juste place dans le monde. Ne pas l'outrepasser, et se montrer juste et équilibré face à chaque acteur du vivant, aussi petit soit-il.

3. La confiance…

On entend de plus en plus parler de l'idée de « loi de l'attraction », selon laquelle on attire à soi ce qu'on formule : si l'on se met dans les bonnes dispositions pour accueillir le bonheur, alors on sera bel et bien heureux. Au fond, cet axiome revalorisé de nos jours n'est-il pas une version laïcisée de la confiance promue par l'Évangile ? Jésus le dit : il faut avoir confiance pour avoir encore davantage confiance. Appréhender les autres avec empathie et bienveillance, c'est oser croire que par capillarité ils vont être touchés, et légitimement donc espérer être traité avec cette même bonté en retour… Une forme de cercle vertueux, garanti dans l'espérance par notre confiance, notre volonté de croire que le meilleur est à venir et qu'on en est, collectivement comme individuellement, moteur.

On le voit, tout cela entre en résonance directe avec l'esprit de bien des « modes d'emploi du bonheur » athées qui circulent aujourd'hui. On pourrait certes avancer que, finalement, peu importe que l'on emprunte une voie croyante ou non, puisqu'elles viennent du même esprit… Mais ce serait oublier que les propositions athées ont ôté de leurs recettes le seul véritable ingrédient qui change tout : Dieu ! Quand on se confronte à la perspective de la mort, de l'oubli, de l'absurde, on peut avoir envie de se tourner vers ces voies sans Dieu, et l'on se convainc que notre salut réside dans la psychologie positive, le coaching, le développement personnel. Mais si elles peuvent parfois apaiser les symptômes de notre déséquilibre intérieur, elles ne vont jamais le résoudre définitivement. Pourquoi ? Sûrement parce que la solution, le bien parfait à l'origine de tout, c'est Dieu, et qu'elles l'ont précisément retiré de leur programme…

Et s'il suffisait en fait d'un peu de foi pour atteindre le bonheur ?

Le christianisme, au fond, ne donne-t-il pas toutes les clés pour être heureux ? N'est-il pas la seule réponse aux deux sidérations absolues que sont la souffrance et la mort ? On fait tous l'expérience de la souffrance, mais on sait aussi à quel point elle est beaucoup plus « vivable » quand on a un ami pour nous accompagner dans cette épreuve... Une femme âgée hospitalisée en soins palliatifs, qui ne pense qu'à la fin, la désire même, vivra ses derniers moments ici-bas avec plus d'apaisement si un ami lui rend visite régulièrement. Combien de personnes désespérées ont-elles retiré leur demande d'euthanasie après avoir rencontré une oreille attentive, quelqu'un qui a su se rendre présent auprès d'elles et donner du sens au temps qu'elles avaient encore à expérimenter sur cette Terre ? Quand on n'arrive plus à sentir sa vie exister, quand on n'habite plus son propre avenir, quand on n'a plus l'impression d'importer aux yeux de qui que ce soit d'autre, alors la moindre présence, le plus simple des soutiens, une humble écoute humaine peut être réellement salvatrice. Bien sûr, ça n'a rien d'une solution facile. Un tel appui est très coûteux pour la personne accompagnatrice, et ces situations sont d'une complexité souvent folle. Mais la réalité, c'est que la compassion – le fait de pâtir avec l'autre, et donc de le décharger d'un peu de ce qui lui pèse – est et reste le meilleur moyen de combattre ensemble la souffrance. N'est-ce pas d'ailleurs le *mantra* des bouddhistes, qui prônent avant tout la compassion pour défaire leur vie de toute souffrance ? Ainsi, même si ce n'est pas sa raison d'être première, la foi nous fournit cette épaule sur laquelle nous appuyer pour avancer. Avec Dieu à nos côtés, avec le soutien d'autres êtres humains compatissants, nous sommes moins seuls, notre vie prend de l'importance et vaut alors d'être vécue.

Bien sûr, il n'en reste pas moins qu'à la fin on meurt.

L'idée selon laquelle la mort marquerait un anéantissement, un oubli définitif, n'est pas du tout partagée par le christianisme. Pour les croyants, elle est même plutôt une promesse bienheureuse.

Comment légitimement l'imaginer ?

Ce qui nous attend concrètement après notre décès, nul ne le sait vraiment. Même si certains anciens patients dans le coma disent avoir connu des expériences de mort imminente, aucun scientifique n'a à ce jour réussi à démontrer tangiblement l'existence d'un au-delà… Penser que la mort n'est pas la fin de tout, c'est donc une croyance, bien sûr. Mais au fond, croire qu'après la mort il n'y a que le néant… c'est aussi une croyance ! Face à quelque chose d'aussi scientifiquement impossible à mesurer et à quantifier, on est *tous*, au fond, dans la croyance. Que nous pensions qu'il y a quelque chose ou non, vu que nous ne pouvons le démontrer avec certitude, nous sommes forcément dans le domaine de la foi. De même, que l'on croie à la Providence ou au hasard, dans tous les cas, on croit…

Alors, face à la mort, que peut-on croire ?

Dans l'imaginaire d'aujourd'hui, trois options existent : le néant, la réincarnation, et enfin le schéma chrétien (paradis, enfer, purgatoire). Éprouvons donc la logique de chacune de ces hypothèses !

1. Le néant.

C'est assez explicite en soi : selon cette thèse, après la mort, il n'y a rien, il ne se passe rien, on n'est plus rien. Fin de l'histoire, point final. Seulement, quand on y pense, c'est absolument impossible à prouver… Penser qu'après la vie il n'y a rien relève d'une forme de confiance, ou plutôt de non-confiance. Le néant n'est pas certain ! Qui nous dit qu'il n'y a pas quelque chose, en plus, quelque chose dont on n'aurait pas conscience ? Il existe après tout des réalités invisibles, incontrôlables, inexplicables par la science tout autour de nous : l'amour, par exemple. Aucun algorithme ne peut aujourd'hui prédire si l'on va trouver l'âme sœur après avoir connu une grande déception amoureuse, personne ne peut savoir avec certitude si deux inconnus se plairont, et il n'est pas né celui qui peut affirmer mordicus que telle ou telle relation durera pour toujours. Rationnellement, il n'y a pas davantage d'arguments pour défendre ce « vide » qu'est le néant plus qu'autre chose ; la conséquence de cela est qu'il revient à chacun de choisir ce en quoi il croit. Ne pas croire n'est pas une fatalité, et l'on reste toujours libre d'avoir confiance en ce que l'on voudra… D'autant plus que, puisque ni le néant ni l'au-delà ne semblent plus vérifiables scientifiquement l'un que l'autre, qu'est-ce qui nous freinerait ? Pourquoi ne pas croire à « plus que ça » ? Pourquoi ne pas choisir l'option qui nous donne le plus d'espoir, la voie qui peut nous apporter le plus, et ce, dès aujourd'hui ? N'est-ce pas le « pari » qu'a fait Blaise Pascal il y a trois cents ans en établissant que, au pire, s'il est vrai que Dieu n'existe pas, croire en lui ne nous aura pas porté préjudice, et qu'au mieux, s'il existe bel et bien et qu'on y a cru, ça aura tout changé ? Quel intérêt à soutenir une option qui ne nous promet rien d'autre que l'illogisme de l'absurde ? Pourquoi nous priver d'une confiance qui peut nous changer la vie et nous la rendre plus belle, dès ici et maintenant ? Pourquoi s'enfermer de soi-même dans une vie cadenassée par le tragique de la mort ?

2. La réincarnation.

Option chargée de bien plus d'espérance, issue de la tradition orientale, notamment bouddhiste, la réincarnation nous promet d'autres vies, d'autres existences après celle-ci. Elle affirme que nous sommes faits d'un esprit, d'un corps et d'une âme, et qu'au moment de la mort, une fois l'encéphalogramme de l'esprit à plat, notre âme connaît une nouvelle incarnation. Et selon la qualité de la vie que cette petite âme a menée, elle peut alors être appelée à se réincarner dans « mieux ou moins bien », un dauphin, un être humain, une limace...

D'un point de vue moral, cette option est plutôt satisfaisante : elle suggère que l'on travaille aujourd'hui pour atteindre le meilleur dans une autre vie. C'est à la fois une bonne chose pour la personne individuelle et pour le corps social, puisque cela donne à tous une incitation à agir avec vertu, pour le bien de soi autant que pour celui des autres. Croire en la réincarnation est donc existentiellement porteur de beaucoup d'espoir pour l'individu et bon pour la société, son harmonie et son équilibre. Mais cette option pose deux problèmes :

La réincarnation est philosophiquement rationnellement bancale, et surtout très élitiste.

En premier lieu, philosophiquement, il y a souci. L'*anima*, l'âme en latin, est le principe de vie, ce qui fait l'unité de notre corps et de notre esprit. Logiquement donc, si le corps et l'esprit sont morts, alors l'âme l'est aussi… C'est beau de se dire qu'on aura une jolie nouvelle vie si on se comporte de façon juste, mais l'idée du petit fantôme qui sortirait de notre corps comme on le voit parfois dans certains dessins animés, c'est une image, peut-être un peu dérivée de la pensée néoplatonicienne, mais juste une illustration…

Par ailleurs, l'idée de réincarnation est aussi en elle-même élitiste. On le voit, rien qu'à écouter les personnes affirmant avoir connu des vies antérieures :

rarement on entendra quelqu'un nous expliquer qu'il a été un pauvre paysan mort de faim au XIIIe siècle ! La plupart du temps, les gens qui prétendent avoir été réincarnés racontent avoir connu des vies illustres, captivantes, avoir habité les corps de Christophe Colomb et de Jeanne d'Arc ! Quand on adhère à la réincarnation, cela va souvent avec une sorte de biais d'exceptionnalité, de refus de l'ordinaire, et même, de temps en temps, d'orgueil. On se veut grand, on se veut meilleur, et parfois aussi meilleur qu'autrui…

Plus généralement, cette thèse implique en fait une forme de fatalité, d'écrasement. Reconnaissons-le, quand on fait le mal, c'est qu'on est soi-même mal… Personne, en paix, ne choisit consciemment d'être malveillant. Ce sont bien souvent les aléas de l'existence qui nous poussent à agir comme nous le faisons, et pas toujours des plus vertueusement. Alors, dans un monde où la réincarnation existerait, celui qui est dans le mal se retrouverait en quelque sorte condamné à ne faire plus que le mal, à rester mauvais parce qu'il a été mauvais, et s'y est laissé embourber. Quelle terrible perspective ! Quelle voie de salut alors pour quelqu'un qui se serait ôté la vie, par exemple ? Ou encore pour une personne porteuse d'un handicap mental lourd ?

La réincarnation témoigne d'un bel idéal de confiance, mais aussi d'une forme de loi implacable de dureté. Cette vision n'appréhende pas nos existences comme se déroulant dans un monde bon (contrairement à ce que croient les chrétiens). Et il faudrait donc réussir à s'en extraire. Dans le bouddhisme, la souffrance est une réalité inhérente au monde ; dans le christianisme, on ne la nie pas, mais on choisit de la dépasser, de la transcender, en se laissant conduire vers la lumière.

Au fond, la réincarnation risque de n'offrir de réconfort qu'aux gens « méritants », qui ont connu une existence plus ou moins préservée. Mais pourquoi ne pas croire en une voie qui promet le bonheur pour tous ? L'au-delà que nous proposent les traditions orientales est-il vraiment ce qu'on peut espérer de plus beau, s'il n'est pas voué à profiter à tous ? Pourquoi choisir une voie qui n'offrirait pas une existence meilleure à chacun et à chacune d'entre nous ? C'est à cela que répond la proposition chrétienne.

3. Le Ciel.

Le triptyque paradis/enfer/purgatoire ne donne peut-être pas réponse à l'ensemble des questions sous-tendues par le sujet – comme d'ailleurs aucune autre option ne le fait. En revanche, il s'agit très certainement de l'approche la plus rationnelle, et de celle qui donne le plus d'espérance... Une option existentiellement logique et souhaitable pour tous !

Souhaitable pour tous ? Vraiment ?

Certes, l'enfer et le purgatoire n'ont pas l'air très désirables ! En effet, mais est-ce une certitude, ou n'est-ce pas plutôt l'image qu'on s'en est faite un peu caricaturalement au fil des siècles ? Qui, en 2022, croit encore aux petits diablotins occupés à nourrir les feux de l'enfer des âmes perdues, armés de leurs fourches redoutables ? Ce sont des images bonnes pour les vitraux médiévaux ou pour les histoires que certains racontent aux enfants afin de les « discipliner » !

Cela dit, par le passé, nos ancêtres n'y ont-ils pas cru ?

En fait, c'était une forme de langage pédagogique. Montrer le mal sous ce jour-là a pu être à l'époque une bonne façon d'encourager les gens à ne pas pécher, pour ne pas risquer d'y finir… Les vitraux avec les diables, c'est un peu comme les photos dramatiquement saisissantes qu'on nous présente lors de formations à la sécurité routière ! C'est une logique qu'on connaît encore aujourd'hui, exagérer (un peu) pour inciter quelqu'un à suivre telle ou telle voie. Ainsi, un parent qui dit à son ado « si tu commences à fumer du shit, un jour tu tomberas dans l'héroïne ! » sait que c'est loin d'être toujours vrai, mais l'idée est de dissuader l'enfant de devenir dépendant, et non de le convaincre de cet énoncé scientifiquement bancal.

Alors, si ce n'est pas un grand brasier peuplé de monstres, qu'est-ce que l'enfer ?

La Bible nous explique que c'est tout simplement se retrouver « coupé de Dieu ». Or Dieu est celui qui donne l'être, la vie, et celui qui se présente comme tout amour. Le refuser ou le rejeter, c'est donc se priver de tout cela... Cela signifie qu'à sa mort, si quelqu'un se détourne de lui, c'est juste fini. Plus d'amour, plus d'existence, plus de persistance. La page est tournée, et une fois que ceux qui nous ont connus n'existeront plus, on tombera petit à petit dans l'oubli, pour l'éternité. Est-ce vraiment un mal alors ? Si l'on est mort, au fond, dans la logique, il n'y a plus de conscience de souffrir, on n'est pas torturé pour les siècles des siècles comme on peut parfois le croire... L'enfer est donc sûrement bien moins diabolique que certains ne le pensent.

En fait, l'enfer n'est pas très loin du néant auquel croient les athées...

En tout cas, ce n'est pas pire. Bien sûr, on ne le souhaite à personne. Mais c'est une potentialité que l'on doit « dogmatiquement » conserver : chacun est libre et garde le droit de refuser Dieu... Mais objectivement, est-ce qu'un seul homme pourrait vraiment dire non à l'amour inconditionnel ?

« On ne peut l'espérer pour personne, mais on doit le craindre pour nous-même », dirait le théologien Hans Urs von Balthasar à propos de l'enfer. Si nous imaginons que le monde a été créé par le bien et pour le bien, par quelqu'un que l'on appelle Père, comment imaginer une seule seconde qu'il ne tentera pas le tout pour le tout pour qu'aucun d'entre nous ne se perde ? N'est-ce pas d'ailleurs la raison pour laquelle il s'est fait homme en Jésus : permettre au monde entier d'être sauvé de la mort et de l'oubli pour l'éternité ?

Si un seul d'entre nous devait s'y dérober, tout son plan d'Incarnation/Résurrection aurait été un échec… Si Dieu est Père, s'il est amour, ce qu'il veut avant tout, c'est nous retrouver bienheureux pour l'éternité.

Et le paradis alors, de quoi s'agit-il ?

La difficulté avec le paradis, c'est qu'on ne peut se le représenter qu'à partir de ce qu'on connaît, de nos catégories de pensée très anthropocentrées. Alors, forcément, chacun se le figure assez différemment. Tantôt comme un monde de nuages rempli de petits angelots potelés, tantôt comme un bain de lumière, tantôt comme une espèce de « replay » de la vie, ou encore comme un endroit où l'on formerait chacun une goutte d'eau dans l'océan infini de Dieu… Les possibilités sont innombrables !

Mais ce que les chrétiens savent du paradis, c'est avant tout ce que Jésus nous en a dit et ce dont il nous a témoigné : la Résurrection, la vie éternelle. C'est-à-dire une vie hors de l'espace-temps, car c'est ce que signifie « éternité ». À quoi est-ce que cela ressemble, alors ? Eh bien, sans doute simplement à ces instants précieux où l'on ne voit pas le temps passer, ces après-midi de soleil et de fraîcheur qui existent hors des heures, hors du temps : des siestes estivales, des barbecues en famille, des promenades en amoureux... Ces moments d'éternité où l'on finit par écarquiller les yeux lorsqu'on regarde sa montre et qu'on constate qu'il est déjà 18 heures, alors qu'on se serait cru bien des heures avant... Éternité ne signifie donc pas immortalité, mais bien plus : c'est vivre dans l'instant, un instant parfait qui ne finit jamais.

Il est normal que nous soyons dans le doute, voire inquiets à propos de ce qui nous attend à travers la mort. Tel un petit enfant dans le ventre de sa mère, qui n'a jamais connu que cet environnement-là et qui éprouve tout à coup une immense terreur lorsqu'il voit son frère jumeau être aspiré hors de l'utérus, hors de ce qui constituait leur monde, nous craignons ce que nous n'avons jamais vu, ce dont nous n'avons pas et ne pouvons pas avoir connaissance. Et lorsque c'est à notre tour de sortir, de quitter le ventre de notre mère, d'être emporté vers un ailleurs, le doute et la peur croissent encore. Le passage peut être éminemment difficile, douloureux. Mais une fois qu'on atteint l'extérieur, une fois passé le premier souffle d'air qui déchire nos poumons, la première lumière extérieure qui brûle nos pupilles, on se retrouve d'un coup comme enveloppé d'un amour nouveau et inimaginé, sereinement lové sur la poitrine de notre mère, nos yeux se noyant dans son regard empli d'une tendresse sans pareille. Jamais on n'aurait pu soupçonner, alors que l'on était encore dans le nid douillet de son ventre, ce qui allait nous arriver, toute l'angoisse et la souffrance du passage, mais aussi tout l'amour et toute la vie qui se préparaient ensuite pour nous. De la même façon, nous ne pouvons nous imaginer ce qui nous attend après. Et il est légitime que cet inconnu nous questionne. Mais puisque l'on a survécu à ce grand chamboulement primordial que fut la naissance, puisque l'on a connu la traversée d'un monde vers un autre et que l'on y a tout gagné, pourquoi ne pas avoir confiance dans le fait que la suivante sera tout aussi riche, sinon plus ? Car, au fond, telle est bien la foi du chrétien : oser croire qu'après cette « nouvelle naissance » que représente la mort, ce qui nous attend, c'est une vie qui est à celle d'aujourd'hui ce que cette dernière est à la vie que nous avions hier, dans le ventre de notre mère.

La Résurrection, une nouvelle naissance ?

Elle demeure quelque chose de difficile à saisir pour chacun d'entre nous. Après tout, les disciples eux-mêmes ont eu du mal à identifier Jésus lorsque celui-ci s'est présenté à eux ressuscité ! Son apparence avait en effet été transformée, et en même temps les plaies de la crucifixion étaient demeurées – ce qui lui a permis d'être identifié. S'il fut difficile pour les apôtres de reconnaître Jésus revenu du séjour des morts, rien d'étonnant à ce qu'il en aille de même pour nous aujourd'hui lorsque nous cherchons à nous représenter ce à quoi ressemblera la Résurrection pour nous-mêmes et nos proches. Impossible bien sûr d'établir des thèses scientifiques : on ne peut que conjecturer, tisser des projections à partir des témoignages reçus.

Ce que nous laissent comprendre les textes, c'est qu'elle constituera donc une forme de vie dans le bien, l'amour parfait, pour l'éternité. Une existence transcendée qui, par cet amour divin, nous offrira de devenir la version la plus aboutie, la plus accomplie de ce que nous sommes appelés à être. La Résurrection nous fera enfin correspondre à la vision que Dieu a de chacun et chacune d'entre nous… Des saints ! Et pour l'éternité, comme on l'a dit, donc : pas tant un temps qui se déroule à l'infini qu'un instant de bonheur qui ne finira jamais.

Beau programme, n'est-ce pas ?

Cela dit, pour vivre dans ce bonheur parfait, en Dieu, il nous faudra accepter d'être dépouillé de ce qui n'est pas de lui, ce qu'on peut porter de mal, de péchés autant que de culpabilités… Nos passions tristes notamment, auxquelles nous sommes souvent bien attachés, parfois plus qu'on ne le pense. Qu'on l'admette ou non, il est fréquent que l'on s'identifie à sa colère, à sa jalousie, qu'on les considère comme faisant partie de soi, de sa personnalité, qu'on rechigne à se défaire d'une envie de vengeance, de rancœur… Bien des travers qui nous abîment au quotidien, au fond de nous, c'est un peu comme si nous les aimions bien. Et pourtant, ça n'a rien de logique ! Quel bien ces élans-là apportent-ils vraiment à nos existences ? Ne gagnerions-nous pas à accepter de les détacher de nous ? Une personne méfiante et endurcie n'est pas meilleure, ni plus riche, ni plus avisée que les autres, loin de là...

Le purgatoire ne sert à rien d'autre qu'à ça : nous défaire de ce qui en nous n'est pas de Dieu, n'est pas encore pleinement bon.

L'idée n'est pas de nous faire payer nos péchés, ni de nous faire souffrir pour nous purifier, mais simplement de nous permettre de nous débarrasser du mal qu'on a fait, comme de celui qu'on a subi, ou encore de celui qu'on aimerait accomplir... Ce n'est ni un temps, ni un lieu (on est déjà dans l'éternité), mais plutôt un passage nécessaire pour nous laver de ce qui en nous n'est pas parfait. On dit parfois qu'il faut souffrir pour être beau, eh bien, de la même façon, il faut être purifié de ce qui n'est pas de lui, pour devenir pleinement ce que Dieu nous appelle à être ! Il nous aime, et ne veut pas notre mal, mais simplement nous décharger du mauvais qui peut nous ronger !

L'au-delà version chrétienne, version non caricaturée, ça se tient donc plutôt...

Certains s'interrogeront peut-être : en quoi serait-il plus rationnel que la réincarnation ? Eh bien, là où cette dernière mobilise l'idée d'une âme « corporelle », ce n'est pas le cas du christianisme, pour qui la vie après la mort est plus une question de vécus. Ce ne seront pas tant nos corps (au sens « bouts de viande ») qui ressusciteront, que la façon dont nous avons été au monde, car ce n'est pas tant notre matière qui fait ce que nous sommes que nos relations. C'est plutôt logique : avant d'être corps physiques, nous sommes surtout des êtres de relations. C'est ainsi, et seulement, qu'on existe au monde. Si l'on est important pour son meilleur ami, ce n'est pas grâce à notre aspect extérieur ou à des caractéristiques particulières de notre âme, mais parce que l'on est, précisément, son ami. De la même façon, si les proches de deux jumeaux physiquement identiques sont capables de les distinguer, là où tous les autres se laisseraient duper, c'est parce que bien que tous deux aient la même apparence corporelle, chacun aura sa façon d'être au monde... C'est ça, ce qu'on a de plus précieux, ce qu'on est intimement : l'ensemble de nos vécus, de nos façons d'être aux autres. Et c'est donc cela que Dieu fera vivre et grandir en nous après la mort : nos liens les uns envers les autres, l'amour qui nous unit, et la manière dont on articule l'ensemble.

À quoi ressemblera-t-on alors au paradis ? « Quel âge » aura-t-on l'air d'avoir ?

Malgré le témoignage de Jésus, la « Résurrection de la chair » nous reste toujours en partie bien mystérieuse. Mais si l'idée est que ce sont nos vécus plus que nos corps physiques dans lesquels nous évoluons qui seront ressuscités, c'est donc à nos attitudes, nos regards, nos manières d'être, ou encore notre style d'élocution, notre empathie et notre sincérité que nous serons reconnus. Nous serons chacun là, dans notre essence la plus pure, vus différemment par chacun selon ce que nous aurons vécu avec lui, et en même temps toujours reconnaissables, car fidèles à ce que nous aurons été sur Terre. Chacun se reconnaîtra avec les mêmes liens, les mêmes relations qu'autrefois, mais en mieux, en « parfait », déchargés du poids de tout le mauvais qu'on aura pu expérimenter. Par exemple, on peut légitimement penser qu'un parent percevra toujours son enfant comme plus jeune que lui, lui associera le même attachement, le même lien filial… Et ce même enfant, par rapport à ses propres enfants à lui, conservera toujours ce lien de parenté qui l'unit à eux. C'est pourquoi nous n'aurons sûrement pas un âge défini : les personnes que nous croiserons nous percevront chacune différemment, du fait de tout ce qui nous caractérise individuellement autant que de la relation qui nous lie à eux.

N'est-ce pas trop beau pour être vrai ?

Il est légitime de se poser la question ! Notre instinct est bien souvent de nous méfier des promesses trop reluisantes, d'adopter une posture de scepticisme dans l'attente d'une preuve. Quand bien même quelqu'un ressusciterait sous nos yeux, il est probable que nombre d'entre nous refuseraient d'y croire – comme Jésus lui-même le fait remarquer en parabole (Lc 16, 31). Par peur d'être déçus, souvent, nous rejetons ce qui va pourtant dans le sens de l'évidence autant que de nos plus grands désirs.

Il faut peut-être nous rendre compte que nous sommes bien moins rationnels que nous aimons le penser, et qu'il n'y a pas forcément de sens à vouloir toujours agir de façon logique, justifiée, établie... Nos vies sont parcourues de moments d'irrationalité, de hasard, d'inexplicable. Qui tombe amoureux après avoir dressé une liste de « pour » et de « contre », ou calculé un éventuel « retour sur investissement » ? Si nous aimons nos enfants, est-ce parce que ça nous profite rationnellement ? Certainement pas ! Les plus belles histoires que nous avons vécues ne sont-elles pas celles que nous n'avons pas vues venir et dans lesquelles nous nous sommes lancés à cœur perdu, par confiance et espérance ? A-t-on quelque chose à perdre à y croire ? Au pire, cela ne nous aura-t-il pas offert une vie plus douce ?

Telle une histoire d'amour qui ne s'explique pas, ne se mesure pas, ne se laisse pas prédire, ni voir, ni vérifier, la Parole de Dieu nous invite à avoir confiance. Quand on tombe amoureux, quand on se rend compte à quel point cette réalité nous transcende autant qu'elle nous échappe, on pourrait en tirer un sentiment d'insécurité... Et pourtant, c'est bien ce qui donne sûrement le plus de sens et de beauté à nos vies, non ? Alors, pourquoi ne pas croire ?

Si l'on se fie à l'amour de ses amis, de son partenaire, de sa famille, pourquoi pas à celui de Dieu ?

Chapitre 9

Une histoire d'amour ?

Aimer, amour, aime. Le mot et toutes ses déclinaisons sont partout dans la Bible… On pourrait même s'en servir pour la résumer. N'est-ce pas d'ailleurs le nom même de Dieu ? Comme le dit saint Jean dans sa première lettre, « Dieu est amour : qui demeure dans l'amour demeure en Dieu, et Dieu demeure en lui » (1Jn 4, 6). Et puis, quel est le plus important de tous les commandements selon Jésus ? Aimer !

Plus qu'une ordonnance ou une consigne de Dieu, l'amour se doit donc d'être autant le moteur que le dénominateur commun de tous les chrétiens. Bien entendu, parce que c'est le premier précepte dicté par Dieu, mais aussi et surtout parce que, comme nous en faisons tous l'expérience, c'est ce qui donne du goût et du prix à nos existences. Peut-être est-ce même, au fond, la seule raison qui vaille de vivre !

Qu'y a-t-il de plus précieux et de plus épanouissant que l'amour ?

Cela vaut pour toutes les sphères de nos vies. Quand on y regarde de près, qu'est-ce qui est le plus recherché par les salariés d'une entreprise ? L'argent, l'admiration des collègues ? Ou bien l'affection, la solidarité d'une équipe ? La motivation que nous procure l'argent est puissante, certes, mais ne dure qu'un temps. Si l'on exerce un métier extrêmement bien payé, mais que l'on déteste, au point que se lever chaque jour est une épreuve et que chaque heure passée au travail coûte horriblement, il est quasiment garanti qu'on ne tiendra guère longtemps. En revanche, si l'on a la chance d'exercer un métier qui nous rende heureux, qui nous inspire, s'il nous est agréable de retrouver notre poste le lundi, il y a fort à parier qu'on y restera longtemps, et ce, même si la paye est moins généreuse qu'ailleurs.

L'amour est un carburant autrement plus puissant et durable que tous les autres qu'on puisse envisager ! Bien sûr, il est loin d'être le seul : on reste capable, fort heureusement, d'agir par devoir, par morale, par désir de bien faire, par responsabilité, mais l'essentiel de ce qu'on fait dans la vie, au fond, c'est par amour qu'on l'accomplit. C'est par amour qu'on est prêt à commettre des sacrifices. C'est l'amour qui forge les plus beaux de nos souvenirs. C'est même sans doute la seule raison pour laquelle on serait prêt à mourir…

Encore faut-il s'entendre, cela dit, sur ce que signifie aimer ! Quand on parle d'amour, se réfère-t-on à la définition du dictionnaire, ou bien à autre chose ? Souvent, on est tenté de considérer l'amour comme celui de *Roméo et Juliette*, ou bien celui que Hollywood et Disney racontent sur nos écrans depuis qu'on est petit. Mais est-ce vraiment ça, l'amour ? Certes, cette vision-là est plus que plaisante, elle met des paillettes dans les yeux et nous fait rêver la nuit. Mais existe-t-elle vraiment dans notre monde ? On le sait, cet amour-là, d'absolus, d'images de cinéma et de destins maudits, ce sont des inventions de fiction plus que des réalités viables… S'il nous plaît et nous parle tant, ce n'est pas parce qu'on y voit quelque chose de bon pour nous, ou d'atteignable, mais plutôt parce que ces récits idéalisés (donc déconnectés de la réalité) nous offrent des bouffées d'air frais. On n'y trouve pas tant la vérité de l'amour et de ses bienfaits, telle qu'on l'expérimente, que des parenthèses qui nous permettent de nous couper, un temps, des problèmes matériels auxquels le quotidien nous confronte sans cesse.

Et reconnaissons-le aussi, ce sont pour l'essentiel des histoires qui ne témoignent pas d'une grande liberté, et qui ne sont à ce titre guère enviables. En effet, toutes ces images et ces récits charrient souvent cette idée de destinée, d'âme sœur. Ce concept, fort séduisant par ailleurs, nous est directement importé de Platon. Dans *Le Banquet*, un ouvrage où les protagonistes proposent tour à tour différents éloges de l'amour et de ce qu'il est, l'un des convives nous rapporte ainsi une légende sur les origines de l'amour, qui a pétri depuis notre croyance en l'âme sœur. Il raconte qu'au commencement nous étions tous moitié homme moitié femme, mais que nous avons été séparés, comme déchirés en deux, et que depuis nous sommes tous à la recherche de notre moitié… Voilà une histoire bien belle, mais qui nous prive complètement de notre condition de sujets libres ! À l'entendre, c'est comme si l'on était tous déterminés, comme si l'on n'avait absolument aucune marge de manœuvre dans le choix des gens que l'on aime. Sans compter que ce mythe a quelque chose de franchement désespérant – une chance sur quatre milliards de trouver la bonne… bon courage !

De façon générale, aimer un absolu, aimer une image, aimer quelqu'un parce qu'on croit lui être destiné ou ne pas avoir le choix, ce n'est pas l'amour vrai. Admirer quelqu'un ne l'est pas davantage : comment aimer une personne par rapport à laquelle on se sent plus petit, qui nous intimide ? Quand on dit que l'on « aime » une star, ça n'est pas de l'amour, puisque l'on se place dans une forme de relation hiérarchique à son égard. Et, désolé de faire tomber les idéaux de certains, mais il en va de même pour une « amourette » de vacances, lorsqu'on rencontre une charmante demoiselle en se disant après trois jours à peine que c'est l'amour de sa vie… Il ne s'agit en fait que rarement de l'amour de notre vie, mais plutôt de l'amour d'une vie, une vie bien particulière, la vie à la plage, la vie dont on rêverait, idéalisée le temps d'une semaine au mois d'août. On ne peut pas aimer vraiment quelqu'un dont on n'a connu qu'une seule facette, un angle qui (forcément dans les premiers temps) n'est pas toujours le plus authentique. C'est sûr, c'est facile de chérir un personnage de papier glacé ou quelqu'un que l'on n'a côtoyé que sous le soleil dans une parenthèse enchantée, mais ça n'a pas de prix réel, c'est déconnecté de la personne, de ce qu'elle est dans la réalité. Et puis, au fond, c'est plat, lisse : l'amour, le vrai, c'est aussi des compromis. Sans pour autant qu'il doive se vivre dans le sang, la sueur et les larmes, l'amour exige des discussions, des ajustements, des arbitrages, et c'est un « travail » de chaque jour qui, s'il fait notre bonheur, nous engage aussi.

Derrière l'amour en apparence parfait, l'amour coup de foudre, l'amour d'eau fraîche, il n'y a souvent que des mythes exaltés et exacerbés par le cinéma et les applis de rencontres… Le sentiment qui en émane ne lui fait pas justice et occulte le fait que la vraie beauté de l'amour, c'est que, plus que d'une passion, il s'agit d'un choix !

Bien sûr, voir deux adolescents tomber raide dingues l'un de l'autre en deux heures, ou l'héroïne du film *Sur la route de Madison* s'éprendre d'un bel inconnu, c'est beau, c'est enivrant, mais c'est du bluff ! L'amour de deux jeunes de vingt ans qui viennent de succomber l'un à l'autre a de la valeur, mais est-il aussi solide que celui de deux anciens tout ridés qui se tiennent encore la main après des décennies de vie commune ? Seul l'avenir le dira…

Indéniablement, le sentiment amoureux a quelque chose de génial, d'exaltant, et nous pousse à nous dépasser. C'est un élan qui révèle nos charismes, nous rend capables de parcourir le monde entier, de nous révéler poète, de lancer des projets incroyables et de soulever des montagnes... Mais bien souvent, on en est l'objet, pas le sujet ! L'amour pulsion, l'amour soudain nous tombe dessus sans qu'on l'ait décidé, nous affame, nous prive de sommeil, nous rend un peu niais... et quelque part, nous ramène aussi à notre condition animale, pas vraiment libre.

Aimer, aimer vrai, c'est avant tout un choix, et un choix qui n'est pas toujours évident ni même immédiatement plaisant. Aimer, c'est demander quelqu'un en mariage, partir en vacances avec un ami, certes, mais c'est aussi ne pas abandonner son grand-père atteint d'Alzheimer, lui faire sa toilette si besoin et ne pas broncher quand la maladie le pousse à nous insulter. Aimer, ça peut aussi parfois signifier pardonner à son conjoint après un adultère... Et Dieu sait que ces couples-là, quand ils ont su traverser et dépasser cette tempête sans doute des plus éprouvantes pour un foyer, en deviennent souvent parmi les mieux enracinés. Non parce que leurs sentiments étaient les plus forts, mais parce qu'ils se sont donné les moyens de continuer ensemble. Ça n'est pas facile, non, mais ça a du sens. Et poser le choix de l'amour malgré le pire, malgré la maladie, malgré la trahison, c'est sûrement ce qu'il y a de plus beau et de plus grand.

Le sentiment derrière l'amour est galvanisant, c'est l'évidence, mais quand on en reste là, quand on s'arrête à ça, il est à peu près certain qu'un jour il s'évanouira, aux premières difficultés, aux premiers ressacs. Aimer, ce n'est pas juste « kiffer », ce n'est pas un simple *enjoy*, une expérience de pur plaisir et de totale facilité.

Mais alors, c'est quoi, aimer vrai ?

On l'a vu, il est compliqué de s'entendre sur la définition du mot « aimer » parce qu'il cache une réelle polysémie, une abondance de sens. Et en cela, reconnaissons-le, le français nous fait défaut ! Fort heureusement, d'autres langues proposent une palette plus large pour désigner les différents visages de l'amour. Il en va ainsi du grec (la langue dans laquelle a été écrit le Nouveau Testament à l'origine), qui fait la distinction entre trois formes d'amour : *éros*, *philia* et *agapè*.

Éros : l'amour passion.

Dans le terme *éros*, on reconnaît bien sûr le nom du dieu éponyme de l'Antiquité grecque, fils d'Aphrodite, ce dieu de la séduction qui éveille en chacun le désir, les pulsions, l'attirance. L'éros est un amour particulièrement moteur, l'amour du ventre face à une boîte de pralinés ! Puissant, bouleversant, il nous cueille d'un coup et fait briller nos yeux de milliers d'étoiles. Mais c'est aussi l'amour qui s'érode le plus vite. Galvanisé par un joli sourire, un doux parfum, on se prend de passion pour une charmante personne dans un train, mais lorsque sa silhouette s'évanouit sur le quai, on l'oublie presque aussitôt. L'éros est un amour pour soi, un amour égoïste, au fond. Cela dit, il n'est pas à rejeter pour autant, car il est à la base de nombre de nos relations, parmi les plus belles peut-être, et se nourrit aussi souvent des deux autres formes de l'amour, mais l'éros seul reste un élan creux, éphémère. Et, surtout, il n'a finalement rien à voir avec la personne sur laquelle il se projette, mais tout à voir avec nos pulsions, nos insécurités, nos propres manques.

Philia : l'attachement, l'affection.

Philia est aujourd'hui souvent traduit par amitié. C'est d'ailleurs ce mot que l'on retrouve dans le prénom Théophile, qui signifie « celui qui aime Dieu ». En effet, quand on dit qu'il « aime » Dieu, ça ne signifie pas qu'il l'aime de façon érotique ! C'est là précisément toute la nuance du terme *philia*. Il désigne un genre d'« amour amitié », un attachement, un amour qui crée une relation d'harmonieux équilibre entre l'être aimant et l'être aimé. Quand on éprouve de la *philia* pour quelqu'un, on l'aime en somme pour ce qu'il est autant que pour ce qu'il nous apporte.

Agapè : l'amour don.

L'*agapè* est un amour d'une nature, d'un degré encore différent : c'est l'amour qui se donne, et même l'amour capable de tout donner pour l'autre, à l'image d'un parent dévoué. L'*agapè*, c'est le fait d'aimer quelqu'un plus que soi-même ou ce qu'il peut apporter. C'est aimer d'absolu, jusqu'à ce que l'autre puisse aimer plus un autre que soi. Cet amour ne se compte pas, n'est jamais dans le calcul. C'est un amour à perte, qui accepte les absences ou le départ de l'autre, et même de le voir nous préférer quelqu'un d'autre. C'est l'amour qui anime les parents qui continuent d'aimer leur adolescent qui les insulte, ou encore celui qui permet à un jeune homme friendzoné de se réjouir que la fille qu'il aime soit heureuse avec un autre garçon que lui.

Dans la vie, bien sûr, la situation est toujours nuancée, on va forcément trouver de la *philia* derrière l'*agapè*, et régulièrement aussi de l'*éros*... On n'éprouve jamais l'un de ces amours seulement, et bien souvent, on vit un panaché des trois. Après tout, on le sait, nos liens humains sont complexes et évolutifs ! Même une relation d'un soir peut être teintée d'une grande affection, et certains meilleurs amis finissent par se marier au bout de trente ans de platonique amitié ! Les animaux, eux aussi, sont capables d'une forme d'affection très sincère et profonde, à l'image de la maman pélican qui peut, si besoin, aller jusqu'à se donner la mort en se perçant le ventre pour nourrir ses enfants. Mais en tant qu'humains, nous sommes seuls à avoir cette capacité unique d'aimer sans raison, d'aimer alors que ça ne paraît pas avoir de sens, d'aimer sans rien avoir à y gagner, voire contre ce qui paraît être notre intérêt... En somme, tout en en étant pleinement libre et conscient, d'aimer à en perdre la raison, de prodiguer un amour indéterminé.

Cela n'est pas si étonnant pour ceux qui croient en ce que révèle la Bible : Dieu est amour (*agapè*), et nous sommes créés à son image. Par conséquent, si nous sommes création de Dieu et nés de son don d'amour, alors il est naturel que notre essence profonde soit aussi d'aimer à la dimension de l'*agapè* : d'aller jusqu'à donner sans retour, et que ce soit ça qui nous distingue du reste du monde vivant. Avoir été créés par et pour l'amour fait de celui-ci notre être autant que notre raison d'être…

Et pourtant, on n'y parvient pas toujours !

C'est peut-être pour cela en fait qu'il y a de moins en moins de chrétiens… Aimer aujourd'hui est loin d'être une évidence ! Ces dernières décennies, le monde occidental s'est détaché de nombre d'anciens schémas sociaux et traditions religieuses qui encourageaient une certaine forme de détachement de soi, d'altruisme, au bénéfice de la tentation du centrage sur le soi, l'individu.

Aimer est d'autant plus difficile que ce ne peut pas être un automatisme de pensée ni un réflexe machinal. L'amour vrai n'est pas un petit geste de B.A. ou un simple respect des règles, non, il faut aimer par amour même, pour l'amour, sans se soucier d'un quelconque intérêt… Cela peut parfois paraître difficile, et pourtant nous en sommes tous capables, même si nous avons tendance à l'oublier. Après tout, aimer, aimer en vérité, n'est autre que la toute-puissance de Dieu, le superpouvoir qu'il nous a donné !

Notre vocation (et donc notre réalisation personnelle) est d'essayer de faire en sorte que toute notre vie soit à l'image de cet amour : pas uniquement le sentiment de l'amour, qui est certes délicieux et galvanisant, mais aussi et surtout l'amour comme don. Et cela ne devrait jamais être perçu comme une montagne infranchissable, car ça n'a rien d'ingrat, bien au contraire ! « Il y a plus de joie à donner qu'à recevoir », lit-on dans la Bible (Ac 20, 35). Et ne le constate-t-on pas au quotidien ? À Noël, il peut nous arriver d'être déçu par les cadeaux qui nous sont offerts, mais cette déception est aussitôt éclipsée si l'on s'aperçoit que le cadeau que nous avons fait à quelqu'un lui plaît !

C'est sûrement pour cela que la Bible n'est qu'une succession d'histoires d'amour, non pas des histoires exaltées par le romantisme, mais bien des histoires d'amour vrai, de rencontres d'amoureux, de vies de famille, de guerres et de rivalités aussi, qui sont à l'image de notre quotidien et de ce que nous sommes.

N'est-elle pas d'ailleurs un manuel de bon sens pour aimer ?

Dans l'Ancien Testament, on peut trouver des préceptes rigoristes, certes… Mais comme Jésus nous l'enseigne, tout cela n'a jamais été qu'une question d'amour ! Là où certains voient des règles, des consignes strictes et sévères, il y a en réalité surtout une pédagogie, des conseils et des témoignages. La Bible, de la Genèse à l'Apocalypse, n'est constituée que d'illustrations du fait que la vie des hommes est faite pour l'amour, pour le don, pour la confiance. Et nul ne l'a aussi bien dit que saint Paul, qui est à l'origine de ce superbe éloge qu'on qualifie populairement d'« hymne à l'amour » dans sa première lettre aux Corinthiens (13, 1-8) :

J'aurais beau parler toutes les langues des hommes et des anges,
si je n'ai pas la charité, s'il me manque l'amour,
je ne suis qu'un cuivre qui résonne, une cymbale retentissante.
J'aurais beau être prophète,
avoir toute la science des mystères et toute la connaissance de Dieu,
j'aurais beau avoir toute la foi jusqu'à transporter les montagnes,
s'il me manque l'amour, je ne suis rien.
J'aurais beau distribuer toute ma fortune aux affamés,
j'aurais beau me faire brûler vif,
s'il me manque l'amour, cela ne me sert à rien.
L'amour prend patience ; l'amour rend service ; l'amour ne jalouse pas ;
il ne se vante pas, ne se gonfle pas d'orgueil ;
il ne fait rien d'inconvenant ; il ne cherche pas son intérêt ;
il ne s'emporte pas ; il n'entretient pas de rancune ;
il ne se réjouit pas de ce qui est injuste,

mais il trouve sa joie dans ce qui est vrai ;
il supporte tout, il fait confiance en tout, il espère tout, il endure tout.
L'amour ne passera jamais.

En fait, comme le dit Jésus : « Il n'y a pas de plus grand amour que de donner sa vie pour ceux qu'on aime » (Jn 15,13). L'amour plein et entier est dans le partage, dans la communion, dans le fait de voir le bien que notre amour peut faire à l'autre. Le sentiment est nécessaire, bien sûr, mais même s'il nous fait ressentir quelques effets qui s'apparentent à l'amour, tout cela retombe vite s'il n'y a que ça… Au fond, c'est un ersatz d'amour, qui en a l'aspect, mais qui est autrement moins profond, comme un bijou plaqué or, qui aurait tout l'aspect du métal précieux, mais pas la vraie valeur. Si l'on se fait des amis un soir en ayant bu deux ou trois verres (peut-être de trop), en refaisant le monde et en bavardant quelques heures durant, il peut arriver que le lendemain on n'ait plus grand-chose à partager avec eux… Mais si l'on fait l'effort d'apprendre à les connaître dans l'authentique vérité de qui ils sont, dans les bons comme les mauvais jours, sur le temps long, on créera à coup sûr un lien riche et profond.

Il ne faut pas envisager l'amour dans un esprit de rentabilité ou de retour sur investissement. Ce n'est pas comme ça ni que ça fonctionne, ni qu'on trouvera le bonheur ! Rechercher la jouissance pour la jouissance, qui l'a essayé sait que c'est le meilleur moyen d'être bien vite déçu. En revanche, si l'on est avant tout préoccupé par le bien de l'autre, non seulement le plaisir s'ajoutera de lui-même à la relation, en chemin, mais il sera surtout bien plus durable, beau et entier. C'est ce que veut dire au fond saint Augustin lorsqu'il écrit « aime et ce que tu veux fais-le » : il ne faut pas s'aimer soi, chercher à se faire du bien à soi à travers l'amour, ni attendre de l'amour qu'il nous offre une joie automatique. L'amour relève d'une décision, d'un engagement ! Si l'on suit le profit, le « bénéfice » qu'il nous apporte plus que ce qu'il est, on n'aura droit qu'à un succédané d'amour, rien de véritable ni de pérenne.

Et c'est sûrement dans cette optique que l'Église, en deux mille ans de maturation du message de Jésus, portée par la vie des saints, a compris et prône encore aujourd'hui :

L'importance de la chasteté.

La chasteté, ce n'est pas l'amour platonique, pas plus que ce n'est être prude, rester vierge *ad vitam æternam* ou n'avoir de relations que pour la procréation. Être « chaste », du latin *castus*, veut simplement dire « non égoïste ». Il s'agit de refuser d'être soumis à ses instincts, de ne pas considérer l'autre à l'aune de ses désirs à soi seulement, mais d'avoir pour souci constant de chercher ce qui va nous faire du bien à tous les deux, et même plus encore : à lui. Accepter de laisser son désir de côté pour accomplir celui de l'autre, et en ressentir une plus grande joie encore.

Ceux qui voient ainsi une question de « morale » dans la recommandation que l'Église nous fait de rester chastes ont raison. Mais ce n'est pas vraiment pour les raisons qu'ils soupçonnent... La morale est avant tout la science pratique qu'a développée l'Église pour nous aider chacun à pleinement jouir de notre vie, dans l'amour, le vrai, celui qu'on devrait tous se porter !

« Morale » ne veut pas dire « moralisateur ». La morale chrétienne n'est pas une espèce d'autorité stricte et réactionnaire qui chercherait à régir les moindres aspects de nos vies, mais bien un ensemble de conseils pour nous permettre d'accéder dès aujourd'hui à l'Évangile, la Bonne Nouvelle que nous propose Dieu. Loin d'être un outil d'inquisiteurs, elle est plutôt la voie vers le bonheur... Et elle ne devrait jamais être perçue ni présentée comme une contrainte, loin de là. Car en fait chercher à avoir une vie morale, ça peut – et c'est même bien souvent le cas – donner le moral ! Cela signifie simplement essayer de trouver le moyen de s'aimer soi, d'aimer les autres, ce qui nous attend, la vie, et donc d'aimer Dieu qui est l'auteur de tout cela (autant que la relation entre tout cela)...

Chapitre 10

Une morale ?

Imaginons deux amis très sportifs, amateurs de course à pied. L'un d'entre eux s'y est mis pour la compétition, pour mincir, pour séduire, et peut-être un jour achever le marathon de New York, tandis que l'autre, qui court tout autant que son camarade, le fait simplement par plaisir, parce qu'il y trouve son épanouissement, sans objectif particulier… Tous deux courent toujours ensemble, au même rythme, et de l'extérieur on pourrait penser qu'ils vivent la même expérience, que leurs deux approches aboutissent au même résultat. Mais quand on y regarde de plus près, on constate vite que l'un passe un bien meilleur moment que l'autre ! Là où le premier peut être régulièrement dans le calcul, la comparaison, voire la récrimination et se plaindre de n'avoir pas perdu autant de poids qu'il l'aurait espéré ou de n'avoir pas réussi à être dans les premiers de sa catégorie, le second trouve simplement sa joie à se consacrer à ce moment-là, à se dépenser, se dépasser, l'esprit clair et non parasité par des objectifs contingents qui, s'il les accomplissait, seraient aussitôt remplacés par d'autres buts tout aussi contraignants.

Ces deux coureurs semblent identiques, et pourtant ! Eh bien, c'est un peu la même chose entre la morale qu'on pourrait appeler « moralisante » et la morale chrétienne, c'est-à-dire entre *l'idée* qu'on se fait de la morale, et la théologie morale telle qu'elle est promue par l'Église. On a vite tendance à prendre l'une pour l'autre, alors qu'en fait elles ont bien moins en commun qu'on ne le pense !

À la décharge de tous ceux qui ont déjà pris la morale chrétienne pour une simple discipline sévère et rigoriste, il n'est pas toujours évident d'appréhender sa définition dans le christianisme tel qu'il est vécu de nos jours, où l'on fait constamment face à deux discours qui peuvent paraître contradictoires, d'autant plus qu'ils sont souvent caricaturés. D'un côté, on a le point de vue des catholiques perçus comme progressistes, dans l'esprit d'ouverture caractéristique du pape François, parfois présenté comme étant à la limite du relativisme. C'est la fameuse caricature de Gad Elmaleh : « Chez les juifs on doit faire ceci, chez les musulmans on doit faire cela, alors que chez les chrétiens on peut faire ce qu'on veut. » De l'autre, des catholiques vus comme conservateurs, à l'instar du catéchisme qu'ont reçu nos parents et grands-parents, où tout était souvent présenté de façon quelque peu manichéenne sans trop de nuances : permis/défendu, facultatif/obligatoire... L'hégémonie d'un idéal visant le « soyez parfaits comme le Père est parfait », où les commandements semblent beaucoup plus explicites et où le respect d'un code de conduite est posé en absolu.

Alors, où trouver la « juste morale » entre ces deux extrêmes ?

Avant tout, un petit retour à la définition du terme s'impose. En effet, le mot « morale » n'a pas toujours eu le sens qu'il a aujourd'hui. C'est surtout depuis Nietzsche et sa *Généalogie de la morale* qu'il a pris son sens de « mode d'emploi éthique » et de recueil de règles à suivre. Or, à la base, la morale était surtout comprise comme un chemin de discernement pour que chacun puisse trouver la vérité de ce qu'il est appelé à vivre. On pourrait être tenté de se dire que, si l'on choisit cette acception, il est très facile alors d'être moral, puisqu'il n'y a en apparence ni sanctions, ni privations explicites… Mais au contraire, cette morale-là, qui n'est pas tant dans l'interdiction que dans l'encouragement à la réflexion personnelle et au libre arbitre éclairé, n'est-elle pas la plus exigeante ? Elle fait peut-être même du christianisme la plus « difficile » de toutes les religions à pratiquer… En effet, sans liste de règles ni obligations explicites à exercer, c'est au croyant de discerner à chaque instant, de poser ses choix en conscience. Cela implique une autonomie assurément plus exigeante que la « simple » obéissance.

C'est intimidant, bien sûr, mais aussi éminemment plus profond, enrichissant et édifiant. On le sait, dans un couple, par exemple, ce qui va faire la beauté du quotidien, ce sont toutes ces choses qui ne sont pas écrites, nulle part codifiées, mais que l'on réalise soi-même, de son plein gré, parce qu'on en a eu l'idée, sans que personne ne nous l'ait imposé. Ce que notre partenaire appréciera le plus, ce seront toutes ces petites marques d'attention « non obligatoires », ces gestes dont on sait intimement qu'ils ne servent en apparence pas à grand-chose, mais qui au fond construisent le bonheur. Tous ces petits riens qu'aucun manuel ne nous dictera jamais ! Ça englobe les fleurs et les chocolats, bien sûr, mais aussi le fait de passer un coup de fil administratif pour l'autre, pour l'en soulager, de ne pas passer sa soirée à scroller, afin de lui témoigner notre intérêt à entendre ce qu'il a fait de sa journée, ou de lui envoyer un mot doux comme ça, pour rien ou juste pour lui… Les possibilités sont infinies et, il est vrai, c'est souvent aussi intimidant que précieux.

D'où vient cette vision de la morale ?

Le judaïsme, qui était la religion du Christ, comporte, pour le coup, de nombreux commandements, prescriptions et interdits. Jésus ne les a pas abolis. Cette loi transmise par Moïse et les prophètes qui lui ont succédé, en réalité, il l'a accomplie (Mt 5, 17). Après lui, les chrétiens n'ont certes plus eu autant de consignes obligatoires érigées comme des absolus, cependant, si le Messie les a invités à s'en détacher, ce n'était pas pour faire table rase du passé, mais au contraire, pour épouser une logique de continuité. Opposé à une vision légaliste de la religion, il ne cesse de combattre l'hypocrisie de ceux qui attendent des autres de faire ce qu'eux-mêmes ne font pas, en s'en prenant notamment aux pharisiens, les autorités juives de l'époque. Il dénonce une vision trop littérale, trop myope, de la Parole de Dieu, visée qui n'aurait pour souci que l'application précise des commandements sans se concentrer sur leur raison d'être, et privilégierait ainsi le comment au détriment du pourquoi. Si quelqu'un dresse la table au cordeau chaque jour uniquement pour bien le faire sans égard pour le repas ou la rencontre qui va l'accompagner, l'instant privilégié qu'il s'apprête à partager avec d'autres, quel sens son geste aura-t-il ? Ce que Jésus enseigne, c'est l'importance de ne pas ériger les lois en absolus coercitifs, mais de s'en servir comme d'une démarche, pour en faire les étapes d'un chemin personnel et social vers toujours plus de bien. D'où la nécessité de toujours faire la distinction entre la lettre et l'esprit (2Co 3, 6). L'enjeu, c'est d'être heureux, et d'être heureux ensemble : c'est à cela, et à rien d'autre, qu'aspirent la morale et la loi.

Il ne sert à rien d'être moral tout seul !

La théologie morale, c'est donc la voie pour être heureux, mais surtout pour l'être avec les autres... Comme on l'a déjà dit et rappelé, nous avons été créés par amour, pour l'amour... De nous-mêmes, certes, mais aussi et avant tout celui partagé avec les autres. N'être content que pour soi et son petit nombril, c'est de la satisfaction, pas du bonheur véritable. Jésus, lui, prêche l'amour, le vrai, le plus grand qui soit, et donc toujours dans la communion.

Mais en plus d'être dans le partage, pour être dans le bonheur libre et entier, encore faut-il cultiver des sources qui soient authentiques, saines et pérennes. C'est aussi ce à quoi sert la morale. Elle ne nous interdit quasiment rien explicitement, mais elle nous donne des indices pour discerner ce qui peut nous conduire vers la joie véritable, de ce qui constitue plutôt des pièges ou des ersatz de jouissance… « Tout est permis, mais tout n'est pas constructif » (1Co 10, 23). Ainsi, la drogue, les psychotropes légaux, les likes des réseaux sociaux, les satisfactions faciles de la nourriture et de la boisson, du jeu, des achats impulsifs sont autant de sirènes illusoires, de paradis artificiels qui nous enferment dans des comportements dépendants : ils prennent parfois l'apparence du bonheur, mais n'y mènent en fait jamais.

C'est pour cela que depuis les origines de l'humanité, Dieu a parlé aux prophètes, puis est venu lui-même nous visiter : pour libérer les hommes et les femmes de leurs enfermements, de leurs culpabilités et de leurs péchés. Il ne nous fait pas la leçon, ne nous punit pas : il nous montre la voie… La Voie : l'Évangile !

Dans la vie courante, on a parfois tendance à raisonner en se demandant « est-ce que c'est un péché ? », à penser en termes d'interdits, d'absolus, de lumière verte ou de lumière rouge. Mais le christianisme, comme nos existences, ne fonctionne pas ainsi : si on l'a certes souvent présenté aux générations passées comme une sorte de liste d'actes mauvais à proscrire, le « péché » est avant tout un acte commis consciemment qui nous éloigne de Dieu. Il est en quelque sorte une contrepartie inhérente à notre liberté, si elle n'est pas orientée vers le mieux. Eh oui ! Notre liberté totale est ce qui fait notre humanité, elle donne de la valeur à nos vies et à nos actes, mais elle nous fait aussi bien souvent courir le risque de tomber dans ce qui est le pire. Nos pulsions, nos contingences sociales sont autant de forces qui s'opposent à ce qui est bon pour nous et peuvent troubler notre jugement, voire nous pousser à ignorer notre propre conscience. Discerner ce qui est bon du mauvais est donc loin d'être facile, mais c'est aussi une chance. Notre bonheur, quand nous y goûtons, est alors le nôtre, et nous en sommes les maîtres d'œuvre, inspirés et guidés par le meilleur architecte qui soit : Dieu.

Comme on l'a dit, cela n'a rien d'une sinécure ! Notre chemin moral vers le bonheur est d'autant plus complexe qu'on a tendance à percevoir le bien comme souvent moins séduisant, dur à obtenir et potentiellement rébarbatif, alors que le mal paraît quant à lui régulièrement plus accessible et attractif. Et cela rend forcément le péché moins aisé à circonscrire et à reconnaître : bien souvent, nos signaux sont brouillés. On peut avoir l'impression de se faire du bien ou de faire du bien aux autres, alors qu'en fait on est en train de s'éloigner d'eux, de leur faire du mal. Par exemple : en leur mentant pour les préserver, ou en les entraînant avec nous dans des décisions séduisantes mais qui finalement seront regrettables... Sans compter qu'on n'est pas tous égaux face à tel ou tel acte ! On ne sait pas ce qui est dans le cœur de chacun : deux personnes ne sont pas forcément au même degré de péché si l'une n'est pas au courant des conséquences de son acte, tandis que l'autre en a conscience et l'ignore sciemment. Ainsi, si un chef d'entreprise veut truquer son résultat par intérêt ou cupidité et demande à son comptable de corrompre les fichiers à sa place en lui expliquant que c'est pour le bien de la boîte, le comptable est évidemment moins pécheur que son patron.

De façon générale, ce qu'on appelle « les dix commandements » (ou le Décalogue) ne sont pas tant des lois menaçantes qu'un accompagnement vers une vie juste et paisible. Ils constituent un socle à partir duquel chacun peut trouver la voie morale qui va l'aider à s'épanouir pleinement. Dès lors, il ne s'agit pas de raisonner en termes de « tout le monde devrait faire ci ou ça », mais toujours de façon subtile, nuancée et à différentes échelles. En effet, si Dieu nous a certes enseigné des réalités « universelles », et qu'il pourrait donc être tentant de nous juger tous de la même façon avec les mêmes critères, chacun et chacune d'entre nous n'en vit pas moins dans un contexte et un lieu « particuliers », et nous sommes tous des cas « singuliers ».

C'est pourquoi, dès qu'on cherche à analyser une situation d'un point de vue moral, il faut toujours raisonner sur ces trois plans : l'universel, le particulier et le singulier (ce qu'on pourrait appeler une grille de lecture « U.P.S. »). Les lois qui nous sont proposées par Dieu sont faites pour tous à travers tous les temps, mais elles ne seront pas vécues de la même façon selon qu'on est en France en 2022 ou au Moyen Âge en Italie. Un bourreau d'il y a mille ans doit-il être considéré comme un criminel, là où, à ses yeux, il ne fait qu'exercer un job reconnu par la loi et nécessaire au système social dans lequel il vit ? Y a-t-il une différence à faire entre la noblesse qui ne payait pas d'impôts sous l'Ancien Régime et l'évasion fiscale des riches et puissants d'aujourd'hui ?

Prenons un exemple, à partir du célèbre commandement universel « tu ne tueras point ». Jusqu'ici, tout est clair. Mais si l'on prend une situation particulière, comme le cas d'un militaire qui s'engage par vocation pour défendre sa nation, tout se complique. En effet, même si ce n'est pas son intention, il sait qu'il pourra un jour être à l'origine de la mort de quelqu'un… Il ne le souhaite pas, bien sûr, mais il sait que ça peut arriver, dans le contexte particulier de sa profession. Et là encore, cette situation, bien que particulière, reste large : il y a mille armées différentes, mille guerres, mille configurations de combat, mille contextes géopolitiques, et l'on ne peut pas donner ou retirer le « droit moral » de tuer à l'ensemble des armées. Il faut alors discerner chaque cas comme singulier. Mettons ici un soldat qui tue un combattant sur le front. S'agit-il de légitime défense ? Ou bien doit-on considérer que ce geste n'était pas nécessaire, et donc condamnable ? Comment le juger ? Tout de suite, on comprend que le simple « tu ne tueras point » ne suffit pas à avoir le fin mot de cette histoire, et que le commandement, bien qu'important, demeure la base d'une réflexion longue et profonde, mais certainement pas son alpha et son oméga. À la fin des fins, on ne juge pas sur un commandement simple et détaché de toute réalité humaine et matérielle, mais plutôt sur les conditions singulières de l'événement, comment il a été vécu.

La difficulté quand on aborde les questions de morale, c'est de réussir à se rendre compte qu'on n'est jamais à une échelle universelle ou particulière, mais toujours singulière, avec des individus qui ne sont jamais totalement libres et/ou conscients. Ça ne veut pas dire non plus qu'il faut tout relativiser ! Mais peut-être juste toujours faire preuve de discernement et de mesure en examinant sa propre situation et celle d'autrui, tout en continuant à combattre le mal et affiner ses comportements pour trouver la juste attitude. Il y aura toujours des ombres et des ténèbres, mais on est aussi, au fil de sa vie, chaque fois un peu mieux armé pour les dissiper, et avancer ainsi vers le bonheur promis. Au fond, c'est cela la morale : trouver le chemin singulier de chacun vers la liberté, son levier plein et entier vers le bonheur, et certainement pas condamner ou écraser ceux dont on juge qu'ils font « mal » ou « moins bien » qu'ils le devraient.

Il existe dans les prescriptions laissées par Jésus une discipline nommée « correction fraternelle » qui consiste à expliquer à son prochain comment et en quoi il a péché, pour l'aider à s'en extirper. À l'origine, c'est très louable. Seulement, en réalité, les promoteurs de cette règle se perçoivent souvent comme de pieux rappeleurs de la « bonne morale », de la bonne conscience, et ils en viennent régulièrement à se comporter comme les hypocrites que dénonçait le Christ lui-même. Aide-t-on vraiment l'autre à avancer quand on le sanctionne et l'enferme dans son péché ? Jésus nous a précisément montré que condamner un pécheur (excepté peut-être un hypocrite) ne servait à rien. Au contraire, il a toujours cherché à dénoncer les péchés pour aider les fautifs à se relever, en tenant compte avant tout, avec compassion, de ce qu'ils vivaient. Et cela est d'autant plus nécessaire que certains péchés sont parfois contraints par la réalité de nos vies. Jamais on n'a véritablement accès à tout ce qui se joue dans le cœur ou dans la vie de chacun…

Qui sommes-nous pour juger ?

Qui sommes-nous pour ne pas aider notre prochain à s'extraire du problème dans lequel il se trouve ? Sommes-nous certains qu'il ne souffre pas d'une pathologie qui le menotte dans une structure dont il n'est au fond pas vraiment libre (et donc responsable), ou bien qu'il n'a pas été manipulé, ou encore qu'il est pleinement conscient de ce qu'il fait ?

Comme l'a dit Jésus avec son image de la paille et de la poutre : ne jugez pas, et vous ne serez pas jugé (Mt 7, 1).

La théologie morale n'est donc jamais une incitation au jugement, ni même une doctrine figée.

Elle est toujours évolutive : il n'y a certes qu'un seul Dieu, mais les hommes s'enracinent toujours dans des habitudes sociales, des lois érigées par leur nation, des comportements inhérents à leur époque, et cela implique des progressions, des variations de la part des structures et des institutions qui les accompagnent. Jésus lui-même a fait évoluer la morale de ses aînés : dans l'Ancien Testament est prônée à plusieurs reprises la loi du talion, et le Christ a été le premier à vouloir la faire évoluer pour ses contemporains. Cela ne signifie pas que Dieu s'était trompé lorsqu'il l'avait recommandée ! C'est juste qu'auparavant les hommes n'étaient sans doute pas capables de plus que cela, et que leur dire de couper la main du criminel plutôt que de le tuer était déjà un progrès… Tandis qu'à l'époque de Jésus, les hommes étaient peut-être enfin prêts pour plus de mesure et de subtilité.

Et c'est loin d'être le seul exemple en deux mille ans de christianisme… De façon plus contemporaine, le catéchisme de l'Église catholique a officiellement réévalué sa position sur la peine de mort en

2017 et se prononce désormais en faveur de son abolition partout dans le monde, même dans les pays où elle est encore légalement et démocratiquement en application. Cela n'a pas été décidé pour plaire à l'esprit du moment, mais par respect de la dignité des personnes. Lorsque l'Église recommande et émet des préconisations, elle le fait toujours dans ce souci de faire correspondre chacun à sa nature première d'image de Dieu, donc à chaque fois dans l'optique du bonheur de tous, en fonction de ce qu'ils sont et n'ont d'ailleurs pas toujours choisi… Pas pour des raisons sociologiques ou politiques conjoncturelles.

Un autre exemple assez caractéristique : autrefois, l'Église condamnait les autres religions et même les confessions chrétiennes différentes de la sienne ; elle les considérait anathèmes, hérétiques et schismatiques… Aujourd'hui, elle admet que tant que leurs membres agissent avec une conscience éclairée, en hommes et femmes de bonne volonté, elles peuvent aussi conduire au bonheur et même sûrement au salut. Elle ne les reconnaît pas comme équivalentes, mais elle ne considère plus que leurs fidèles sont « dans l'erreur ». La théologie catholique telle qu'elle est vécue de nos jours nous offre ainsi d'appréhender que les gens qui n'auraient jamais, ou trop mal, entendu parler de Dieu à travers sa révélation en Jésus restent sans nul doute eux aussi menés par l'Esprit saint qui habite le cœur de tous, vers des chemins d'accomplissement, de justice et donc de bonheur. Il ne s'agit pas de dire que toutes les religions se valent, mais plutôt qu'on n'a pas tous accès à Jésus (et à son Esprit) de la même façon. Encore une fois,. on ne peut pas savoir ce qui se joue dans la conscience et le cœur de tous nos frères et sœurs les hommes, entre Dieu et eux…

Alors, sur quoi pouvons-nous tomber d'accord ?

Là-dessus, la Bible nous donne une piste bienvenue. Jésus y résume en effet toute la loi de Dieu en un seul et unique commandement : tu aimeras Dieu et tu aimeras ton prochain comme toi-même (Mt 22, 37-40). En d'autres termes, et de façon peut-être plus pratique : « Ce que tu voudrais que les autres fassent pour toi, fais-le aussi pour eux » (Mt 7, 12).

Si Jésus n'entre pas dans de longs raisonnements sur la nature du bien et du mal, s'il ne dresse pas de « listes de péchés », mais exhorte simplement chacun à discerner et à aimer, c'est parce que nous portons tous en nous l'aiguillon qui peut nous guider. C'est ce que l'on appelle la « loi naturelle » : cette faculté, que chaque homme possède en sa conscience, de distinguer ce qui est bon de ce qui est mauvais. Elle nous vient directement de l'amour de Dieu, par et pour lequel nous sommes nés, et crée un lien inaltérable, une compréhension unique entre nous tous. C'est grâce à elle que nous tombons d'accord sur le fait que certaines choses sont bonnes et d'autres non ! Cela dit, elle n'a rien à voir avec un mode d'emploi que l'on pourrait gober tout cru et appliquer sans discernement… Il faut plutôt y voir une intuition sur laquelle chacun doit exercer sa sagacité, pour comprendre toujours mieux quel choix poser.

La morale n'est pas un code !

C'est un double jeu perpétuel entre l'individu et sa confiance, entre chaque personne et ce qu'elle a reçu de ses aînés dans la foi. Elle ne peut pas être un absolu vertical assommant ; on doit toujours se placer à l'échelle du singulier, s'adapter à ce que sont les gens, à ce que sont leurs problématiques, pour les conduire un peu plus vers Dieu, à leur rythme. Le but n'est pas de nous faire parvenir tous au sommet de la montagne (on n'y arrivera sûrement qu'après le grand passage !), mais de nous mettre en chemin tous ensemble et de voir ce qu'on a à y gagner en route. La morale n'est jamais aussi justement utilisée que lorsqu'on la réfléchit dans un « esprit de gradualité », disait Jean-Paul II, c'est-à-dire en prenant pleinement conscience de là où l'on en est, individuellement, et de là où en sont les autres. Si l'on veut que tous puissent avancer, alors il faut être capable de s'adapter à chacun. Être moral, ce n'est presque jamais du tout ou rien, mais bien plutôt :

Une histoire de petits pas…

Ainsi, quand de jeunes addicts au porno parviennent petit à petit à limiter leur fréquence de visionnage, ils sont dans une vraie démarche morale.

Tous les progrès sont bons à prendre, même s'ils demeurent encore partiellement attachés à cette dépendance... Si ces jeunes réduisent leur consommation des images de cette industrie, même sans l'interrompre tout à fait, ils n'en vont pas moins vers du mieux, comme ils le peuvent, et à leur rythme. Ce n'est pas parfait, certes, l'idéal serait qu'ils puissent mener une vie affective pleinement épanouie, trouver la personne avec qui ils sont appelés à faire leur vie, et pleinement profiter de ce qui est donné, mais avant d'en arriver là, s'ils réussissent au moins à se détacher de leur pulsion progressivement, c'est déjà une bonne chose.

La morale est donc loin de la sentence intraitable que l'on a parfois en tête en entendant parler du catholicisme. Elle consiste plutôt en une sorte de manuel de développement personnel « by Dieu », qui, comme tout bon manuel, aurait de temps en temps droit à de nouvelles éditions ! De nombreux sujets de la théologie morale chrétienne sont en effet « en chantier » ; c'est là une science encore éminemment vivante. Pourquoi donc, pourraient s'interroger certains ? Eh bien, parce qu'il y a toujours de nouvelles problématiques, des façons inédites de les aborder, des rebondissements de l'actualité, et que la théologie morale se doit de se mettre régulièrement à jour pour toujours mieux aider les hommes et les femmes de chaque époque à avancer dans leur vie selon l'Évangile vers le bonheur promis.

Certes, il y a des absolus. Le « tu ne tueras point », par exemple, reste un fondamental que l'Église ne pourrait faire évoluer sans risquer de trahir ce que Dieu nous a légué. C'est pourquoi, même en continuant de réfléchir et d'apporter régulièrement son concours aux organes politiques et aux cercles de réflexions éthiques qui existent, elle reste particulièrement prudente sur les questions d'interruption volontaire de grossesse ou encore d'euthanasie. Mais cela n'empêche pas d'autres enjeux et questions de notre société de faire l'objet de débats. Ainsi, l'homosexualité ne peut pas être abordée aujourd'hui comme il y a cent ans. Elle ne l'est d'ailleurs plus, y compris par de nombreuses voix au sein de l'Église. La société a évolué ces dernières décennies sur les questions d'identité de genre et d'orientation sexuelle, et cela nous oblige – et c'est une très bonne chose – à penser à nouveaux frais certaines questions, comme celles du couple ou de la famille : qu'est-ce qui les définit ? Qu'est-ce qui constitue leur essence ?

Traditionnellement, on reconnaît quatre piliers au mariage chrétien : la liberté, la fidélité, l'indissolubilité et la fécondité. Si l'on peut concevoir assez bien s'entendre sur ce que signifient les trois premiers, et imaginer les étendre à d'autres formes de couples, c'est sur le dernier point que souvent les interrogations actuelles se concentrent. Que peut (et que doit) être la fécondité d'un couple ?

Pendant des siècles, c'était clair pour l'Église : le couple est ce qui doit porter du fruit, et par « fruit », elle entendait surtout les enfants. C'est pour cela qu'elle promeut la famille « papa-maman » : pas tant par absolu arbitraire que pour la fécondité que crée biologiquement l'union d'un homme et d'une femme. Tout cela légitimait à ses yeux que l'homosexualité ne soit pas compatible avec le fait de faire famille. Mais aujourd'hui, on porte un regard nouveau sur ce qu'est la vie de couple, parce que l'homosexualité est plus présente et visible certes, mais pas seulement. La question des familles homoparentales et du mariage homosexuel s'ancre dans une réflexion plus large sur ce qu'est la fécondité dans un couple et les différentes façons dont elle peut se traduire.

On voit bien aujourd'hui que la beauté d'un couple ne réside pas uniquement dans sa capacité de procréer. On considère, et avec raison, qu'un couple peut générer d'autres beautés, porter d'autres fruits que les enfants. La représentation croissante des couples homosexuels a sûrement influé, mais aussi l'évolution de la philosophie de l'amour des époux et les problèmes d'infertilité, d'adoption, d'écologie... Dans un contexte où l'on a admis qu'avoir des enfants n'est pas toujours possible, on a petit à petit pu apprécier sous un nouveau jour ce qui caractérise une famille. Et en reconnaissant ainsi que l'ADN d'un couple, c'est avant tout l'amour qui le caractérise, on a, d'une certaine façon, ouvert les possibles. Dans le cas de l'homosexualité, cela vaut d'autant plus qu'elle peut être vécue aujourd'hui dans une pleine et entière liberté, et avec une vraie fidélité... Après tout, ceux qui cherchent à vivre leur vie de couple et de famille dans le même élan que celui proposé par la tradition chrétienne, comment Dieu pourrait-il ne pas vouloir les soutenir (voire les bénir) ?

La théologie morale chrétienne est encore en chantier sur ces questions. Tout en essayant d'éviter les deux extrêmes du « tout est permis » comme du conservatisme rigide, elle cherche donc avant tout les moyens de guider chacun vers toujours plus de paix, de bien et donc d'Évangile.

C'est parce que le Créateur a à cœur la dignité de tous, hommes, femmes, croyants, athées, que l'Église a toujours cherché à affiner sa théologie morale pour promouvoir plus de justice sociale. Sa lutte aux côtés des syndicats depuis plus de deux siècles pour la juste valorisation du travail, pour que chacun puisse bénéficier de conditions et de rémunération dignes, n'aurait pu se faire sans une façon « plastique » d'aborder la morale, cherchant à toujours mieux répondre aux difficultés des hommes et des femmes de chaque époque.

Et cela vaut aussi pour la bioéthique, où la théorie morale est en constante édification, gardant toujours comme aiguillon le souci de la promotion de la dignité de tous. Les problématiques de FIV, PMA, GPA sont des questions très récentes, que nos capacités technologiques ne nous permettent de nous poser que depuis quelques décennies. On ne peut que se réjouir que des institutions comme l'Église tiennent à les interroger, non pas tant pour brider le comportement des individus que pour protéger la dimension sacrée de chacun, en proposant une forme de frein sur certaines innovations qu'on peut être parfois tenté d'entériner sans avoir pris le temps de considérer toutes leurs implications pour tous les individus. Que faire des embryons surnuméraires lors des FIV, par exemple ? Que penser du fait que, durant le conflit entre la Russie et l'Ukraine au printemps 2022, certaines mères porteuses ukrainiennes ont vu leur accouchement déclenché précipitamment pour que les bébés naissent avant l'arrivée des troupes russes ? Comment faire, au fond, pour qu'on soit tous également heureux, y compris ceux qui n'ont pas la possibilité de se défendre par eux-mêmes ? On peut être tenté de balayer du revers de la main ces interrogations, mais elles posent de vrais dilemmes moraux et éthiques… D'où la nécessité d'une théologie toujours vivante, et parfois même évolutive.

Il s'agit de garder à l'esprit que ce ne sont pas que des concepts, mais des vies qui sont en jeu…

Réfléchir la morale est une chose, encore faut-il la mettre à l'épreuve de la réalité. Par exemple, pendant des siècles, la question de la « guerre juste » a été peu remise en cause au sein de l'Église, qui estimait, pour faire simple, qu'il était légitime pour une nation de combattre pour se défendre. Mais c'était sans compter sur les grands drames du XXe siècle, qui ont chamboulé nombre de certitudes… Ce qu'on croyait jusqu'alors s'est trouvé complètement remis en question. Un consentement à un certain mal peut-il vraiment conduire vers plus de bien ? Cette interrogation si délicate à résoudre en pratique se pose avec d'autant plus d'insistance dans le contexte politique actuel, avec d'une part des chrétiens selon lesquels il faut envoyer des armes aux Ukrainiens pour se défendre face à l'invasion russe, et d'autres, comme le pape François, qui recommandent le désarmement total… Quelle est la priorité qui doit présider à nos décisions dans pareilles situations ? Que faire ? Aider les plus faibles ? Tenir un idéal ? Militer, avec toute l'humilité (et les potentiels drames) que ça implique, sur le temps long, pour une paix globale et totale ? Être pragmatique et minimiser les dégâts ? L'objectif d'un monde débarrassé de sa violence doit-il être atteint par un refus du conflit à tout prix, ou par une conduite plus utilitariste, par le fait d'accepter certains sacrifices en les considérant comme nécessaires pour atteindre un certain idéal de paix ? L'Église doit accepter, et accepte, de se poser ces questions parfois douloureuses, peu confortables assurément, mais ô combien essentielles à sa pertinence et à sa justesse dans les grands débats et crises qui agitent notre monde. Elle ne peut pas garder d'œillères morales ni prétendre avoir tout compris à tout, mais doit au contraire perpétuellement réévaluer ses recommandations à l'aune du réel, de l'actualité.

C'est là d'ailleurs tout le problème des intégristes, des obscurantistes enfermés dans des compréhensions figées de la volonté de Dieu, qui obscurcissent les réalités d'aujourd'hui pour continuer d'appliquer des règles parfois périmées – et sûrement qu'aucun d'entre nous n'est à l'abri de devenir soi-même un jour extrémiste sur certains sujets, si l'on s'en sent plus concerné. Que l'Église s'interroge sur les nouveaux enjeux bioéthiques n'a rien de réactionnaire : à l'inverse même, c'est précisément parce qu'elle cherche à intégrer la modernité dans sa doctrine qu'elle prend le temps de l'interroger. Et en cela, elle peut nous être d'un précieux secours. La morale individualiste de notre époque nous pousse à nous concentrer sur notre point de vue personnel uniquement et à occulter les réalités plus larges ; la théologie morale chrétienne, elle, nous pousse à considérer non pas tant nos attentes, nos désirs, mais le point de vue des plus petits…

L'écologie est aussi une illustration particulièrement frappante de cette nécessaire capacité d'ajustement et de réévaluation de la doctrine morale et sociale de l'Église. Ainsi, face à l'urgence de la problématique qui s'impose à nous, l'institution catholique a dû en faire, et en a fait, une priorité, l'un de ses fers de lance essentiels. Lorsqu'en 2013, le pape François écrit *Laudato Si*, son texte est unanimement reconnu par la communauté internationale comme une réflexion profonde et nécessaire pour réussir à préserver notre maison commune, autant que promouvoir l'équité pour chacun. Et si, depuis, nombre de communautés, de paroisses et même d'individus en leur sein se sont « convertis » à un vrai engagement, à une réelle conversion des mœurs, voire à un militantisme écologique et social, c'est bien parce que l'Église a été capable d'évoluer et d'intégrer ces nouveaux défis à sa réflexion morale.

Peut-être un dernier – et non des moindres – exemple de cette souplesse de l'Église : la petite révolution orchestrée par le Saint-Siège en mars 2022, en promulguant une nouvelle constitution apostolique. Une porte vient de se déverrouiller dans la structure organisationnelle de l'institution, ouvrant la voie à une réelle réforme d'ampleur. L'un des changements notables, et celui qui nous intéresse le plus ici, est la possibilité inédite que n'importe quel baptisé – y compris une femme, donc – puisse devenir responsable de dicastère, c'est-à-dire de l'un des nombreux ministères en lesquels la Curie romaine est divisée. Quel effet cela pourrait-il avoir ? Rien de moins qu'un vrai bouleversement ! Les questions de gouvernance de l'Église ne seront plus l'apanage des prêtres et des évêques, mais de tous les fidèles compétents. Permettre à des fidèles laïcs, tous sexes confondus, d'exercer de telles responsabilités, c'est ouvrir les possibles, démocratiser l'institution et y améliorer la représentation et donc la considération de tous. Ces mesures auront d'ailleurs sans doute plus d'impact sur la condition féminine dans le catholicisme qu'une éventuelle ouverture de la prêtrise aux femmes.

L'institution avance, certes lentement, non par réticence au changement ou par passéisme, mais parce qu'elle prend le temps de mesurer ce qui est le plus juste et le plus pertinent par rapport à ce qu'elle a reçu (ce qu'elle a hérité de Dieu : la Révélation et la Tradition) et aux besoins de nos contemporains. Le temps de la réflexion a un prix, que l'Église connaît et respecte. Et si elle n'agit pas forcément là où on l'attend, elle le fait toujours avec un vrai discernement.

Reconnaissons que si certains aspects de la morale, comme la théologie matrimoniale donc, peuvent aujourd'hui être étudiés, pensés nouvellement, il n'empêche que sur certains points, l'Église reste fidèle à certaines positions. Ces enjeux sont connus : le suicide, la contraception ou l'IVG notamment, et ses propositions sur ces sujets posent encore parfois question aux croyants autant qu'aux non-croyants. Tentons de comprendre pourquoi avec l'exemple de la contraception.

L'Église n'est jamais « contre » par principe. Ceux qui pensent qu'elle déteste la sexualité ou la trouve sale se trompent, c'est même l'inverse précisément. Jean-Paul II affirmait qu'elle est le plus beau des dons que Dieu a accordés à l'humanité. Et c'est justement de ce fait que la doctrine de l'Église se permet de conseiller ses fidèles sur la chasteté et la contraception : à ses yeux, il s'agit d'un absolu magnifique, que rien ne devrait galvauder. S'offrir tout entier à l'autre dans ce qu'on a de plus intime ne devrait pas être pris à la légère, et ne surtout pas être considéré comme une simple pratique consumériste. Nulle volonté de contrôler le corps des gens ou de diaboliser certains comportements, mais peut-être simplement un rappel en fait : l'acte sexuel n'est pas anodin. À trop le démocratiser, on vulgarise quelque chose qui a pourtant une dimension éminemment sacrée, et qui s'en voit ainsi diminué, banalisé. L'Église n'interdit pas de faire l'amour ni même d'user de méthodes contraceptives, mais nous invite à toujours agir dans la perspective du meilleur, de l'épanouissement plein et entier de tous, et donc dans la fidélité et le plus grand respect. À moins d'être naturiste, on ne se met *a priori* pas tout nu devant n'importe qui. À perdre de vue le sens de ce qu'on fait, on risque d'ôter leur dignité à nos actes et parfois même aux personnes avec qui on les accomplit. Certaines personnes revendiquent certes le droit de faire ce qu'elles veulent de leur corps, ce qui est légitime. Pour autant, la question du poids de cet acte se pose. Pour pouvoir pleinement profiter de ce don sans pareil, ne doit-il pas garder un côté intime ? Certes, c'est exigeant, mais n'en tirera-t-on toujours pas plus de beauté et de joie, lorsque, au bout du compte, c'est avec la « bonne personne » qu'on le fera ? Qui a d'aussi belles choses à dire sur l'amour et la sexualité que celui qui partage une vie érotique épanouie avec la même personne depuis quarante ans ?

Une remarque, légitime, pourrait être opposée à ce discours : d'où vient que des prêtres, évêques ou papes, célibataires donc, se permettent d'aborder ces sujets ? Pour répondre à cela, on peut simplement opérer un changement de perspective : c'est peut-être justement parce qu'ils portent un regard extérieur sur ces sujets qu'ils bénéficient d'une forme de lucidité, d'objectivité. Après tout, celui qui ne pratique certes jamais, mais qui a étudié ce domaine sous l'angle de différentes approches (scientifique, théologique et philosophique) et a eu la chance d'avoir connu nombre de « pratiquants » qui se sont confiés à lui sur ce sujet, n'est-il pas aussi légitime qu'un autre à partager son avis ? Loin d'eux l'envie de contrôler les corps des fidèles ou de faire passer la sexualité pour la source de tous les péchés…

L'enjeu reste et n'a jamais été que de promouvoir le bonheur plein et entier, donc le respect et la dignité.

Ce raisonnement vaut aussi pour la question, complexe et souvent douloureuse, de l'euthanasie. On peut comprendre que des personnes en fin de vie veuillent, pour le dire ainsi, « en finir ». Leur douleur, parfois, est telle que chaque jour devient insupportable, et face à cela, nous ne pouvons qu'être humbles et compréhensifs. Mais quand on sait qu'une écoute vraie et sincère, une amitié ou une oreille attentive pourraient parfois suffire à faire s'évaporer le désir de partir chez les personnes ayant prévu de mettre fin à leurs jours, comment l'euthanasie pourrait-elle être acceptable ? Une fois de plus, il ne s'agit pas de surveiller, d'ostraciser ou de punir les fidèles, mais bien de promouvoir la vie, celle qui a du goût, du prix. Ce n'est pas parce que son issue approche, peut-être même parfois dans la souffrance, que l'existence ne peut pas être encore belle. Ce n'est pas parce qu'on est malade ou fatigué qu'il n'y a pas encore des joies à y trouver. Bien sûr, il y a quelque chose d'un idéal dans cette idée d'une présence, d'une figure amie sur laquelle les personnes traversant de pareilles épreuves pourraient s'appuyer. On le sait, dans les faits, ces patients sont souvent bien seuls, et c'est peut-être cette solitude plus qu'autre chose qui les pousse à considérer l'euthanasie. L'accompagnement qui les soulagerait nécessite un énorme investissement, un coût, un effort, et les seuls soignants, aumôniers et visiteurs de malades ne peuvent suffire à le fournir à tous ceux qui en auraient besoin. Mais il n'y a pas de fatalité à cela !

Si l'on pensait enfin l'accompagnement de la fin de vie autrement que de façon matérialiste ou logistique, la situation serait sans doute bien différente… Ne pourrait-on pas construire ensemble un monde où l'EHPAD relèverait moins du réflexe que d'une option mûrement choisie parmi d'autres ?

Ces quelques lignes balayant bien trop rapidement les grands sujets qui font la réflexion éthique et morale de nombre d'entre nous aujourd'hui ne visent qu'à attester combien la théologie morale est une science qui a, et aura toujours, besoin d'être pensée au présent, dans un partage vrai et sincère des opinions et réflexions de tous. Dans la réalité de ce que chacun vit, ces sujets sont d'une complexité phénoménale. Personne, ni une institution religieuse, ni un gouvernement, ni quelque lobby que ce soit, ne peut prétendre y apporter de réponses faciles et universelles.

L'enjeu premier reste assurément, quelque soit la problématique, de réussir à trouver comment accompagner au mieux ceux qui y sont confrontés vers toujours plus d'Évangile et de paix. Écouter et oser pardonner plutôt que condamner. Être capable d'aider, même si l'autre ne pose pas le choix qu'on pourrait espérer… Et si tel est l'acte éthique et moral le plus souhaitable, Dieu sait combien il peut, à tous, nous paraître difficilement atteignable, voire même envisageable… Un réel chemin de petits pas que la morale, pour chacun avec soi-même, autant que pour nous ensemble.

Cela dit, il reste peut-être quelques domaines de ce domaine de la théologie qui (sûrement pour des raisons bien ancrées d'acceptation du système social établi) ne sont encore que trop peu étudiés aujourd'hui. On peut notamment penser à la dénonciation des riches, omniprésente dans le discours de Jésus, dans les quatre Évangiles, mais toujours absente de la plupart des discours des chrétiens comme de ceux des théologiens… N'y a-t-il pas quelque chose d'humainement inadmissible à voir quelqu'un être payé cent, peut-être même mille fois plus qu'un autre, pour un travail qui n'est ni mille fois plus utile, ni mille fois plus pénible ? La question n'est pas de punir les ultrariches ou de les opprimer, mais d'essayer de construire ensemble un monde plus juste et équitable pour tous, où, selon la règle de saint Benoît, « on donnera à chacun selon ses besoins ». Peut-être les seuils inouïs dépassés ces dernières années par les plus grosses fortunes du monde pourront-ils déclencher une forme d'indignation générale, de colère devant tant d'inégalités, et participer au renouveau d'un christianisme social : c'est en tout cas ce que l'on peut espérer. Souvenons-nous que, par le passé, sous l'Ancien Régime, le système des cours royales et de l'aristocratie a fini par déclencher des révolutions, qui ont elles-mêmes fait émerger un nouvel élan dans le christianisme, plus centré sur les plus fragiles et les plus démunis. C'est cette impulsion qui a permis à l'Église de prendre part tout au long des XIXe et XXe siècles aux réflexions sur les travailleurs, à la promotion de leur égale dignité, et donc à un vrai combat pour la justice sociale. Qui sait si la folle disparité entre les plus aisés et les plus démunis aujourd'hui, à laquelle s'ajoute l'urgence climato-anthropologique qui nous presse, ne pourrait pas donner lieu demain à une ardeur similaire ?

La morale, et plus encore lorsqu'on l'entend au sens théologique, n'est donc pas un ensemble de règles, mais bien une science, un parcours de discernement, afin de trouver ensemble le chemin qui convient à chacun pour devenir pleinement ce à quoi il est appelé : refléter l'image de Dieu. Et parce qu'elle vise toujours à permettre de mieux prendre soin du bien commun, elle ne peut se faire par de simples grands discours ou injonctions verticales et coercitives. Bien au contraire, elle doit relever d'une conversion sincère et personnelle de chacun.

Alors, comment être moral, en vérité ?

Peut-être déjà faut-il garder en tête qu'il n'y a ni compétition, ni course, ni évaluation. À l'impossible, nul n'est tenu, comme le dit l'adage. L'enjeu, c'est peut-être simplement de reconnaître nos fragilités, nos faiblesses et notre inclinaison naturelle à nous laisser aller à pécher. Ne faut-il pas en effet être lucide sur ses propres vulnérabilités pour pouvoir épauler ceux qui en ont besoin, et trouver l'humilité de ne pas trop vite les juger ? Se savoir pécheur, c'est admettre au fond qu'on a besoin de l'autre. Être prêt aussi bien à prendre la main de son prochain pour l'aider qu'à accepter d'être relevé par lui. Écartons donc de nos idées sur la morale tout fantasme de pureté, de souffrance ou d'épreuve. L'enjeu, c'est la lucidité, l'absence d'orgueil, et surtout le fait de cheminer ensemble : la solidarité et la communion, donc. Étymologiquement, le mot catholique signifie « universel » : ce n'est pas une religion de cathares (purs), mais une communauté d'humbles pécheurs qui essayent de l'être moins. On ne peut pas trouver le bonheur tout seul, il n'y a qu'avec les autres qu'on l'atteint.

Comment prétendre être parfaitement heureux si l'on sait la misère subie par d'autres à sa porte ?

Cet idéal d'unité n'est bien entendu pas simple à vivre : on pourrait presque dire qu'on trouve un panel de sensibilités tout aussi varié au sein de l'Église catholique qu'entre les milliers de différentes Églises protestantes et évangéliques qui existent. Mais c'est aussi ce qui fait sa beauté, le défi de la symbiose (littéralement : vivre ensemble), du partage, de la communion. Là où les protestants vont avoir tendance à se scinder en différentes branches au fil de leurs divergences, les catholiques, eux, bien qu'ils aient aussi leurs courants, des plus traditionalistes aux plus progressistes, tentent de tenir l'unité dans la diversité. Ainsi, dans une même communauté, on va voir se rassembler aussi bien ceux qui ne jurent que par le latin, la dentelle et l'encens, que ceux qui tapent des mains dans une frénésie presque mystique. Ensemble, ils cultivent l'humilité de savoir qu'ils ne détiennent pas l'unique vérité… Ça, c'est Jésus. En revanche, chacun dans son style, ils partagent ensemble la volonté de le suivre et de vivre de sa Parole.

Nous ne sommes pas infaillibles, personne n'a la vérité divine absolue, et l'Église le sait !

Ce qu'elle propose, c'est d'humblement essayer d'accompagner chacun, autant collectivement qu'individuellement, vers du toujours mieux : Dieu. Les plus belles histoires de saints ne sont pas celles de ceux qui sont nés immaculés et n'ont jamais trébuché, mais plutôt celles de figures qui ont connu des moments de doute et d'égarement. C'est pour cela qu'on est si attaché à saint Pierre, saint Augustin, saint Vincent de Paul, sainte Thérèse de Lisieux ou encore Madeleine Delbrêl... Ils et elles ont tous connu les péchés, les ténèbres parfois. Mais ils ont su, en accueillant la grâce de Dieu, faire de ces épisodes tragiques de leur existence de vraies marches vers toujours plus de bonté et de sainteté. L'objectif, au fond, n'est-il pas que nous parvenions à notre tour à adopter le regard qu'a pu avoir Jésus à l'égard de cette femme adultère, que le village tout entier voulait lapider, lorsqu'il lui dit : « Je ne te condamne pas, va et ne pèche plus. » Le but, c'est qu'on se rappelle toujours comment il la releva, lui pardonna, lui recommanda de ne plus tomber dans les mêmes travers à l'avenir, et la bénit. Car c'est bien ainsi qu'aujourd'hui encore il nous voit chacun et nous offre à notre tour de nous relever... On est tous pécheurs, mais tous créés pour le bonheur ; tous à trébucher dans nos péchés, mais aussi tous en chemin vers le paradis qu'il nous promet.

Chapitre 11

En pratique, la foi, ça donne quoi ?

À ce stade, on l'aura compris, la foi n'est ni un remède à nos angoisses, ni un conte simplet pour enfants, ni le fait de correspondre à un moule, ni même une expérience mystique réservée à de rares élus. Elle est avant tout une logique qui donne du sens, parce qu'elle le fait retrouver. Bien au-delà de la simple croyance, elle est un chemin de liberté dans la confiance et l'espérance.

Contrairement à ce qu'on peut parfois se figurer, être chrétien ne consiste pas en une sorte de liste dont on devrait cocher toutes les cases, pas plus qu'il ne s'agit de dogmes à ingurgiter de façon docile pour correspondre à un profil type du bon fidèle. Pour autant, oui, la foi guide la vie du croyant, mais pas en un sens rigoriste : sans restreindre, elle accompagne et oriente, pour épanouir. Voilà la subtilité : sans jamais être autoritariste, la foi est et demeure l'autorité de nos vies. Là où l'autoritarisme muselle, l'« autorité » nous offre de devenir les « auteurs » de nos vies, d'être chacun le rédacteur de ce que nous sommes appelés à être, car c'est bien cela qu'elle signifie en premier. Elle nous offre une voie logique et vraie pour parvenir pleinement à ce que l'on est, donc au bonheur, et en plus nous donne d'en être le moteur. Et elle n'est pas réservée à une petite élite mystique ou à une poignée d'élus qui parviendraient à se conformer à un style de vie divinement inspiré : c'est une réalité éminemment accessible à tous. Aucune condition prérequise, aucun critère de sélection, sinon d'être humain, donc reflet de l'image de Dieu, et de chercher le bien pour soi autant que pour les autres – non pas le même bien que celui de l'expression « se faire du bien », non pas un bien de consommation, fugace et individuel, mais le Bien véritable, le Bien pérenne et universel, le suprême Bien…

L'Amour : aimer, et être aimé.

L'enjeu est de découvrir et redécouvrir sans cesse notre nature profonde, qui, quelque part, puisque nous sommes créés à la ressemblance de notre Créateur, est aussi de nature divine… Ainsi, à force de confiance et d'espérance, d'émerveillement et d'éveil au transcendant, de réflexion et d'allers-retours entre soi et le monde, on apprend à ressentir la présence de Dieu en chaque instant, à petit à petit reconnaître cette évidence qu'il ne nous laisse jamais seul. N'est-ce pas au fond la seule et unique clé pour « avoir foi » en soi comme en les autres, pour aimer, espérer, et vivre ce à quoi nous sommes tous appelés ?

La voie de salut proposée par Jésus, et affinée par deux mille ans de christianisme, est la même depuis l'Évangile. La modernité nous a permis d'entreprendre et de redécouvrir autrement la richesse du message qui nous a été révélé, mais le cœur reste le même : notre nature est divine, l'amour notre raison d'être, et la confiance notre chemin pour y accéder…

Par où commencer ?

Quand on veut s'engager dans la foi ou creuser celle qu'on a déjà, la découvrir ou la redécouvrir, sans être familier des églises ou bien après plusieurs années d'éloignement, la perspective peut avoir quelque chose d'intimidant. On peut être tenté de se dire qu'on n'y parviendra pas, ou que ce n'est pas fait pour nous… Soit parce qu'on a peur de ne rien y comprendre, soit parce qu'on redoute de se retrouver face à des commandements datés, soit parce qu'on a peur de devoir se couler dans un carcan qui ne nous conviendrait pas. Les appréhensions et les questionnements peuvent être fort nombreux. Mais, on l'a vu, la foi n'a rien d'inaccessible, bien au contraire : elle n'est que confiance, espérance et amour, et ça, *a priori*, on sait tous faire ! Osons croire qu'il n'est jamais, jamais trop tard ! Et sans même nous plonger dans des interrogations éminemment spirituelles ou nous imposer des lectures hautement théologiques, risquons-nous peut-être simplement à nous approcher de Dieu, par de simples réflexes au quotidien, des attitudes de foi, de patience, d'ouverture au monde…

1. Se questionner.

On l'oublie parfois, mais il y a du prix à ne pas obtenir toutes les réponses à ses interrogations tout de suite. Bien sûr, se confronter à quelque chose qui n'est pas immédiatement présent, séduisant ou rentable peut être frustrant. Mais cela constitue aussi souvent une expérience bien plus riche, profonde, intense, et qui surtout nous implique davantage ! Nous le savons : dans notre vie, nous sommes entourés de choses gratuites, immédiates, et nous perdons parfois de vue la beauté de l'inaccessible. S'interroger, accepter de ne pas savoir, c'est exercer pleinement sa liberté. C'est en faire peut-être même l'usage le plus fort, le plus étendu. Les questions de sens, de vérité, ou encore métaphysiques sont trop importantes pour être écartées par un plaisir facile ou une actualité toujours plus effrénée, et cela est d'autant plus crucial dans un monde où tout est vite relativisé, où l'on nous encourage à croire que toutes les religions, toutes les croyances se valent… On gagne tellement davantage à refuser de s'enfermer dans un confort de pensée, à prendre le temps de considérer les options, les possibles qui nous font face, à découvrir et apprécier la richesse de nos traditions, plutôt que de tout balayer d'un revers de main, de conclure que tout se vaut, ou que les choses compliquées n'ont rien de bon à nous apporter, sinon des insomnies…

Y a-t-il plus satisfaisant, plus nourrissant que de parvenir à des conclusions mûrement réfléchies, à des convictions qu'on a le sentiment de s'être appropriées ? Comment être sûr de soi, de ce que l'on fait ou de ce que l'on pense, si l'on n'a pas pris le temps de s'interroger, de creuser ses idées en fonction de ses croyances, de ses valeurs, de ses aspirations profondes ? Alors oui, il est inconfortable d'admettre qu'on ne sait pas tout. On aurait envie de pouvoir accélérer le rythme des questionnements, mais à trop se concentrer sur l'idée de mettre enfin la main sur des réponses, on en oublie que là comme partout, ce qui compte n'est souvent pas tant la destination que le chemin, le parcours qui nous y mène, qui lui-même nous fait peut-être encore plus grandir…

2. Contempler.

Prendre du temps – une chose qui, admettons-le, relève aujourd'hui de plus en plus de l'effort que du réflexe… S'astreindre à ralentir, parfois, à accorder son attention à des choses sur lesquelles on pourrait tout à fait passer sans s'arrêter. Elles n'ont peut-être pas toujours « d'intérêt » immédiat, et pourtant elles donnent tellement de poids, de valeur, de saveur au quotidien !

Contempler consiste simplement à faire attention à ce dont on a hérité, à s'émerveiller, à reconnaître le beau et tenter de comprendre le sens des choses qui nous entourent, au-delà de ce dont elles ont simplement l'air, de ce qu'on en sait déjà. Aristote disait ainsi que la vie contemplative (la « vie théorétique »), est le sommet de toutes les vies. Et n'est-ce pas toujours vrai vingt-cinq siècles plus tard, plus que jamais, même ? Bien sûr, la modernité dans laquelle on vit nous offre un réel confort qu'il ne s'agit pas de renier. Mais simplement, là où on le peut, quand on le peut, reconnaissons qu'il y a du prix à s'arrêter et s'émerveiller. Prendre le temps de regarder, perdre du temps à admirer. Celui qui sait s'imprégner de la beauté et de la paix s'imprègne de Dieu. Car, au fond, contempler, c'est déjà flirter avec ce qui nous attend au paradis : n'est-ce pas en effet, en quelque sorte, le « programme » de la vie dans l'éternité ? Que pourra-t-on faire une fois qu'on sera en Dieu, dans le Bien parfait, sinon le voir lui, s'émerveiller et contempler ? Là, détachés de nos déterminismes et de nos besoins, nous connaîtrons la vie, la vraie, la célébration ultime de ce qui est, l'amour parfait… À quoi d'autre Dieu pourrait-il alors nous appeler qu'à nous réjouir ?

3. Oser.

Faire confiance, croire, n'a rien de faible ni de fade. Ce n'est pas une attitude de résignation, bien au contraire. Oser vivre en chrétien, c'est souvent nager à contre-courant.

Jésus, quand on y pense, n'était pas loin d'être un révolutionnaire anarchiste ! Dans les Évangiles, il nous rappelle une page sur deux de « ne pas avoir peur », d'y aller, d'avoir confiance ! C'est là un conseil toujours d'actualité pour chacun et chacune d'entre nous, chez qui la peur obstrue encore si souvent le cœur et le cerveau, nous empêchant de simplement nous émerveiller de ce qui nous est donné. Pour aller vers le bien, alors que les autres sont aveuglés par leurs appréhensions, à un moment ou à un autre, il faut avoir de l'audace... Oser défaire l'appréhension par la confiance, l'immobilisme du doute par la recherche de la vérité, et préserver pour cela sa conviction que, au fond, on n'est pas tout seul. Faire le bien nécessitera toujours plus d'efforts que se faire du bien. C'est un engagement, certes, mais ô combien enrichissant !

Et pour cela, reconnaissons que si la peur est à l'origine un réflexe de survie, dans la réalité de nos vies d'aujourd'hui, elle est bien souvent infondée... On estime ainsi qu'entre 85 et 90 % de nos craintes sont irrationnelles ! Or tous ces blocages injustifiés nous immobilisent, nous paralysent, et font souvent obstacle à notre plein épanouissement – parfois même dans des proportions considérables... Au lieu de poser des choix libres, en conscience, orientés vers ce qui ferait du bien aux autres comme à soi-même, en abordant le monde par le prisme de nos peurs et de nos doutes, on en vient à faire des choix par défaut, qui nous frustrent et nous contraignent. La vie serait pourtant tellement plus juste, tellement plus émancipatrice si nous nous autorisions à prendre nos décisions sans accorder trop de poids à tous ces scénarios du pire ! Et en cela, ouvrir notre cœur à Dieu peut être d'une aide immense. Sa présence n'efface pas la peur, mais, comme par contraste avec l'amour et la confiance que sa grâce nous donne, il est souvent alors plus aisé de faire abstraction de ces craintes infondées, et d'ainsi oser avancer vers tout ce qu'il nous promet…

4. Prier… ou entrer en dialogue.

A priori, on pourrait se dire : converser avec quelqu'un qu'on ne voit pas, quelle drôle d'idée ! C'est pourtant bel et bien ce à quoi nous invite Dieu, au quotidien. Et quand on commence à l'expérimenter, ça change tellement tout…

L'idée n'est pas forcément d'adopter une posture imposée ou de réciter des textes en particulier. Pas plus d'ailleurs qu'il ne s'agit d'une « performance » à exécuter. Prier, c'est simplement entrer dans une forme de dialogue avec celui qui nous a créé, une personne en tous points bienveillante à notre égard, et qui nous connaît mieux que nous-même. Oser lui parler, l'écouter, et lui dire merci, pardon, s'il te plaît… Être avec lui comme on est avec un ami, dirait sainte Thérèse d'Ávila.

Alors, bien sûr, il y a quelque chose d'intimidant à s'essayer à prier pour la première fois lorsqu'on n'en a pas l'habitude ou qu'on n'y a jamais été introduit… Parler à l'invisible est sacré concept ! On est là, tout seul, on se dit qu'on aurait l'air un peu étrange aux yeux de quelqu'un qui nous surprendrait ainsi… Et la crainte de parler dans le vide se mêle alors en notre âme à cet espoir fou (sans la possibilité d'en avoir la certitude) d'être entendu ! Comment se résoudre à prier alors, comment s'abandonner à cette expérience ? Comment peut-on croire, sans comprendre comment – et on ne peut compter sur la science pour nous le confirmer – il est possible que Dieu soit là, qu'il nous écoute, que notre parole ne tombe pas dans l'oreille d'un sourd, et peut-être même qu'il puisse nous répondre ?

La solution, c'est sans doute tout simplement de procéder par étapes, à tâtons, de chercher la façon de faire qui nous convient à nous, où l'on se sent à l'aise, sans se préoccuper de savoir si l'on s'y prend vraiment « comme il faut ». Il n'y a pas de mode d'emploi de la prière. La façon de dialoguer avec Dieu ne sera jamais la même d'un individu à l'autre, ni d'ailleurs chez une même personne selon les périodes de sa vie et les questions qu'elle se pose ! L'essentiel réside peut-être dans le fait de se laisser humblement imprégner par ce que l'on comprend de sa Parole… Ouvrir son cœur et trouver la fréquence de Dieu qui nous convient, qui nous fait nous sentir le plus en contact avec lui. Pour cela, après deux millénaires de spiritualité chrétienne, le prisme des possibilités est large : que ce soit en le lisant, en découvrant la Bible, en nous nourrissant des textes de grands saints, en récitant les psaumes ou encore les grandes prières de la Tradition, en lui parlant tout naturellement, en le contemplant dans la beauté du monde ou dans le Saint-Sacrement, en le chantant, en le louant ou encore en le rencontrant régulièrement dans ses sacrements. Trouver ce qui nous convient, la manière qui nous permet de sentir que « ça vibre » et par laquelle nous parvenons à rester fidèle, voilà sûrement le plus important. Et il en va de même pour la question de la posture : il y a autant de positions et d'attitudes de prière possibles que d'individus ! Debout devant un crucifix, à genoux dans une église, en promenade dans la nature, allongé dans son lit… Aucune n'est meilleure qu'une autre, il faut simplement trouver celle qui nous permet, à l'instant où nous sommes, de nous élever, ou tout du moins de ne pas être trop vite distrait. Prier, au fond, c'est un peu comme laisser respirer Dieu à travers nous, et pour cela à chacun donc de trouver le tempo, la posture et le ton qui lui conviennent.

Mais si Dieu sait tout, pourquoi a-t-il besoin qu'on passe par les mots de la prière ?

C'est une question tout à fait légitime. Si Dieu est omniscient, prier est-il vraiment utile, au fond ? Eh bien si nous le prions, ce n'est peut-être pas tant « pour » lui, que pour nous, pour nous ajuster nous-mêmes, nous mettre à son diapason et convertir notre regard au sien. Nous le savons bien : dans chaque relation, dans chaque amitié, plus on passe de temps avec l'autre, mieux on le comprend, et plus naturelles et agréables seront nos conversations avec lui… Si nous voulons saisir ce que Dieu a à nous dire, il n'y a pas de secret : la voie à suivre, c'est de ménager du temps pour lui, de consacrer quelques minutes (ou plus) chaque jour à l'écouter, à lui parler. En plus de nous permettre de nous habituer à nous adresser à lui, et ainsi de le rendre moins abstrait, moins intimidant, cela nous apprend surtout à le reconnaître, à identifier sa présence. C'est en fait un cercle vertueux : plus on prie, plus on devient familier de Dieu, et plus les yeux s'ouvrent facilement sur tous les lieux et tous les moments où il est là, et où auparavant on ne le voyait pas.

À quoi cela sert-il concrètement ?

En plus de nous offrir de nous sentir accompagnés, réconfortés, la pratique de la prière nous permet petit à petit de percevoir le monde avec son regard à lui : un regard d'amour. Prier, c'est patiemment apprendre à correspondre à cette image de Dieu que nous sommes tous, le laisser être à travers nous, et au fur et à mesure nous exercer à voir ainsi à travers ses yeux : nous concentrer sur ce qu'il y a de beau, de bon, de vrai en chaque chose. Plus qu'un exercice de pensée, c'est là une véritable façon de transformer notre réalité ! Plus on prie, plus on se laisse imprégner par son amour, et plus on en vient à discerner les grâces qui nous entourent bien mieux que les ténèbres… Par la prière, on s'aperçoit que ce que l'on prenait pour du mal s'avère parfois n'être que contingence. Le monde devient non seulement plus beau, plus facile à appréhender et à accepter, mais aussi plus vrai. Il nous est, en quelque sorte, offert de pouvoir faire le tri entre ce qui relève vraiment du mal et ce qui, parfois, est simplement quelque chose qu'on n'a pas bien su interpréter et qu'on reconnaît désormais autrement, avec plus de bienveillance.

Dieu peut tout, mais jamais sans nous.

Nous sommes son corps ici-bas, le corps du Christ, les instruments de son regard, de son amour, ses témoins actifs, ses disciples. Dieu sait tout, mais il ne nous livre pas tout, tout cuit, directement dans la bouche ! Pourquoi ? Parce qu'il nous offre plus grand : la possibilité de continuer nous-mêmes son œuvre. Il nous a donné un monde pour que nous l'emplissions nous-mêmes de son amour, et que nous en devenions à notre tour les architectes ; il est plus grand de donner à un autre de pouvoir briller par lui-même que de l'éclairer soi-même, disait saint Thomas d'Aquin. S'il nous a confié cette mission de l'amour, c'est parce que c'est cela qui donne sens à nos existences. Et s'il ne nous révèle pas toujours toutes les réponses d'un coup, il ne nous laisse pas pour autant seuls avec nos questionnements. Sa « façon de faire », c'est de changer nos cœurs, pour que nous changions nous-mêmes le monde, petit à petit, à notre mesure, et apprenions à le regarder et à le traiter comme lui. Nous sommes invités à être les instruments de sa Parole et de sa volonté, parce qu'il n'y a sûrement rien de plus beau qu'il puisse offrir à ceux qu'il aime et qui, à son image, ont été créés. Dieu est tout-puissant, certes, mais non pas comme un Zeus qui maîtrise les éléments depuis son Olympe. Le Dieu que Jésus nous a révélé est un Dieu qui nous aime et nous fait nous aimer, et non une sorte de superhéros qui nous intimiderait par des tornades de feu ! Dieu est tout-puissant, bien sûr. Mais sa seule et unique toute-puissance, c'est l'Amour. C'est toujours par amour qu'il agit, et c'est d'ailleurs ainsi qu'on le reconnaît : à tous ces élans de bien qu'il fait surgir dans le cœur de chacun. Voilà peut-être alors à quoi pourrait servir la prière : être témoin privilégié de ce pouvoir, de ce mystère. Parce que lorsqu'un chrétien ressent une intuition de bien, de bon, de vrai, il en est convaincu, c'est Dieu qui parle à travers son cœur… C'est ainsi avant tout qu'il l'entend et le reconnaît.

Entendre Dieu, le voir se manifester ?

Discerner ses « signes », en fait. Quoique ce mot soit parfois mal compris : on a tendance à imaginer les signes comme des manifestations spectaculaires de sa puissance, mais c'est souvent bien plus subtil que cela ! Ce ne sont pas forcément des transformations phénoménales, mais plutôt des suggestions, comme de petits « clins d'œil » de Dieu, des incitations à regarder ici plutôt que là, des perspectives qu'il nous ouvre pour nous mener vers plus de paix, pour nous-même comme pour les autres. Ces signes sont discrets ; il faut prendre le temps d'apprendre à les percevoir, les discerner. Cela se fait sur le temps long…

Nous fermons les paupières, écoutons le silence, et sentons comment notre conversation avec Dieu résonne dans notre cœur, ce vers quoi elle nous inspire et nous fait tendre. Et petit à petit, on se laisse ainsi toujours plus emplir de son Esprit, car c'est bien lui qui nous guide et nous apprend à regarder.

Comment faire pour que ça marche ?

Pas de secret : tout repose sur la fidélité – un mot qui a la même racine étymologique que foi ! C'est elle qui fait la différence et permet de consolider la relation de confiance entre nous et Dieu. Peu importe même la « quantité » de prière, pourvu qu'elle soit sincère et régulière. Quelques minutes suffisent, pourvu que ce soit tous les matins et/ou tous les soirs. Encore une fois, comme pour un ami, c'est en passant du temps avec Dieu qu'on se sent en sécurité avec lui, qu'on apprend comment s'adresser à lui, et comment recevoir et ressentir au mieux ses grâces. Si l'on commence à négliger la relation, à ne plus lui accorder de temps que par intermittence, comment construire alors un lien solide ?

Bien sûr, il ne faut pas pour autant se flageller ou s'en vouloir si l'on oublie ce moment de temps en temps, ou encore si l'on est distrait pendant ! Avoir une pensée « impure », indésirable, voire franchement inappropriée au cours de ce moment n'est pas grave non plus. L'important est de ne pas laisser cette idée intrusive nous écarter. La reconnaître (au besoin, la noter), puis la remettre à sa place. Il n'y a pas grande faute non plus à s'endormir pendant la prière. Sainte Thérèse de Lisieux était la première à qui cela arrivait parfois, et comme elle le disait si bien, cela ne désamorce en rien la présence de Dieu à nos côtés : le sommeil n'est-il pas le moment où l'on soigne le patient sur la table d'opération ?

5. Rencontrer des chrétiens.

Un chrétien isolé est un chrétien en danger ! C'est un adage populaire qui peut faire sourire, et qui pourtant correspond à une réalité que nombre de fidèles ont déjà expérimentée. On n'est jamais chrétien tout seul, mais avec d'autres, ensemble. Déjà parce qu'on est tous devenus chrétiens grâce à d'autres chrétiens. Tout croyant a reçu des témoignages, des paroles, des conseils de la part d'autres qui croyaient déjà avant lui, et c'est ça qui l'a nourri. Mais aussi parce que c'est à travers les témoignages d'autres chrétiens que notre foi prend sens, que nous pouvons nous-mêmes lui permettre de se déployer, la transmettre, et la rendre sans cesse plus vivante. La confiance en Jésus est avant tout communion, et c'est tous ensemble que nous formons son corps, le « Corps du Christ » (Cf. 1Co 12, 27). Voilà pourquoi être chrétien ne peut jamais être quelque chose de purement individuel : c'est grâce à nos frères et sœurs aînés que l'on a découvert qui est Dieu, et c'est grâce à nous que les futurs chrétiens le découvriront à leur tour.

Mais au-delà même de cette notion de transmission et d'échange, il est aussi indispensable pour des chercheurs de Dieu de pouvoir partager avec d'autres ; se retrouver, échanger, débattre et prier ensemble. On le voit d'ailleurs avec d'autres communautés. Certes, on peut vivre des choses très belles et marquantes à distance, se nourrir individuellement par bien des moyens, mais rien ne vaut des rencontres en chair et en os. Lorsque des gamers, par exemple, habitués à jouer en ligne les uns avec les autres se réunissent enfin pour un « meet-up » en vrai (dans la vraie vie), c'est touchant, presque précieux à voir ! Il y a comme une ébullition de complicité. Tous les beaux moments qu'ils ont pu partager à distance auparavant les ont bien évidemment soudés, mais il y a quelque chose d'incomparable à pouvoir partager ses valeurs et oser les creuser ensemble, là, les uns avec les autres. Eh bien c'est un peu la même chose pour les chrétiens ! Tous forment après tout un seul corps, le Corps du Christ, le corps de l'humanité créée et sauvée par Dieu. Il est presque bouleversant de pouvoir physiquement se rassembler, comme si l'on reconstituait un peu, de façon observable et palpable, ce corps divin.

Puis, au-delà de ça, c'est aussi l'occasion de pouvoir goûter un peu à toutes les façons qu'ont nos frères et sœurs chrétiens de côtoyer, connaître et vivre de celui qui nous rassemble. Sans prétendre tout savoir, c'est en entendant chacun s'exprimer humblement sur sa foi, son chemin autant que ce qu'il a compris, que petit à petit on grandit et s'enrichit.

Fréquenter d'autres chrétiens, c'est donc aussi se permettre de découvrir toutes les manières qu'ont les gens d'aller à la rencontre de Dieu, et prendre la mesure autant que pouvoir se nourrir de toute la diversité de rites et de pratiques que nous ont ouverts deux mille ans de Tradition.

Un chrétien aura donc toujours à gagner à être moins isolé. Et plus que ça même, il offrira à son tour à d'autres, sans nul doute, l'occasion de témoigner. On ne mesure pas à quel point parfois un simple geste ou une parole insoupçonnée ont pu transformer le cœur de ceux qui nous ont croisé. On ne se figure que trop peu ce qu'on peut soi-même représenter pour les autres, combien on peut les aider, et tout ce que nos paroles peuvent dire pour eux !

6. Essayer de vivre en chrétien.

Sur le papier, le monde entier pourrait avoir envie d'être chrétien. Qui ne souhaiterait pas pouvoir vivre de la Parole et de l'amour d'un Dieu bienveillant, qui ne nous abandonne jamais, entouré d'une immense communauté de frères et sœurs qui partagent cette même foi ? Pourtant, on s'en rend souvent vite compte : il est loin d'être facile de réussir à vivre en chrétien.

S'apercevoir du fait que la petite flamme de Dieu brûle en son cœur, ça change une vie. Mais c'est aussi précisément ce qui rend le fait d'être croyant si peu évident. Lorsqu'on se rend compte que chacun est le reflet du visage de Dieu, on ne peut plus rester indifférent ! Soudain, tout nous touche davantage, nous concerne, nous apparaît de façon plus claire, et plus douloureuse aussi parfois. Comment rester insensible à qui que ce soit, comment négliger le bien-être ou le regard de qui que ce soit, maintenant que l'on sait que nous sommes tous animés par Dieu, et infiniment précieux à ses yeux ? Avoir conscience de cela est une chance immense autant qu'une vraie responsabilité. Il est sûrement plus aisé de se réfugier dans le relativisme, les raccourcis, le mépris, de se dire que l'autre vaut (ou mérite) dans le fond moins que soi. Mais à partir du moment où l'on cherche pleinement à vivre de la promesse que Dieu nous offre, ces excuses ne peuvent plus tenir, et l'on se retrouve confronté à la nécessité, bénéfique mais ô combien exigeante, de traiter chacun comme on voudrait être traité soi-même. La foi, d'une certaine manière, nous contraint, en ouvrant nos yeux sur le monde, sur Dieu, sur l'autre, sur ses émotions, sur sa souffrance. Et parfois, il est vrai, ça fait mal. La lucidité est précieuse, mais elle heurte aussi. C'est une forme de discipline, mais une discipline qui nous conduit vers le mieux, Dieu. Un peu comme quand on se met au sport : au début, on a des courbatures, on a du mal, mais petit à petit, ça devient agréable, plaisant même, puis nécessaire, l'existence est tellement plus riche ainsi, les expériences sont ô combien plus profondes, et l'on s'en rend compte très vite.

En fait, vivre en chrétien, c'est chercher à être disciple de Dieu. C'est vouloir le suivre, vouloir vivre toujours plus pleinement de tout ce qu'il nous offre, et pour cela forcément suivre une certaine « discipline » de vie... C'est exigeant parfois. Mais c'est aussi ce qui nous permet de révéler notre nature profonde, le laisser être lui à travers nous, et ça, c'est inestimable.

7. Se nourrir des sacrements.

Les amateurs de jardinage le savent : on peut planter une graine comme ça, sans trop rien lui donner à boire, et attendre qu'elle pousse d'elle-même. Qu'est-ce que cela donnera ? Dieu seul sait. Mais si l'on vient prendre soin d'elle par étapes successives et l'accompagner tout au long de sa croissance, il est plus que probable qu'on lui permette ainsi de s'épanouir et de porter du fruit...

Il en va sûrement de même pour la foi, qui est elle aussi comme une petite graine que l'on reçoit tous à la naissance. Non-chrétiens comme chrétiens, nous grandissons tous avec cette puissance de vie et de sainteté en nous. La seule différence, c'est que ces derniers croient que Dieu leur a donné non seulement cette petite graine mais aussi les meilleurs moyens possibles pour en prendre soin, les sacrements :

Les « dons de Dieu ».

Sacrement vient du mot latin qui signifie « engagement ». Mais ce n'est pas tant notre engagement auquel le mot fait référence que celui de Dieu envers nous. En effet, à travers ces moments, ces gestes et ces symboles, il nous témoigne comme il s'engage à demeurer à nos côtés, comme il nous a choisis, et à quel point il ne nous laissera jamais.

Le catholicisme a compris, du témoignage et de l'enseignement du Christ, qu'il existe sept sacrements, sept « dons de Dieu » particuliers pour nous aider à avancer vers tout ce qu'il nous promet. Et le premier, le plus important de tous, celui que Jésus lui-même a reçu : c'est le baptême. Commun à toutes les confessions chrétiennes (catholiques, orthodoxes et protestants), c'est l'événement qui fait devenir pleinement enfant de Dieu, chrétien. Ce jour-là, on reçoit l'Esprit saint, l'Esprit du Créateur lui-même. Comme on verse de l'eau sur une petite graine, on en répand sur la tête du baptisé pour lui permettre de germer et de devenir une « jeune pousse » : c'est en effet ainsi qu'on appelle les catéchumènes qui viennent d'être baptisés, les « néophytes » !

Ensuite, d'autres dons sont offerts : le pain et le vin de l'eucharistie (la communion) – qui deviennent le corps et le sang du Christ lors de la messe, et que l'on mange, pour devenir à notre tour présence de Dieu – sont comme les engrais et les nutriments que nous offre le Jardinier. On peut les consommer chaque jour, et ils nous aident ainsi à être toujours plus habités de son Esprit.

Après, vient la confirmation, qui là encore, n'est pas le sacrement par lequel on « confirmerait » à

Dieu qu'on l'a choisi, mais plutôt le moment où lui-même nous confirme dans la confiance qu'il a en nous. Une étape plus qu'importante où, d'une certaine façon, la « jeune pousse » va sortir de sa serre pour épouser la vocation à laquelle elle est appelée. Elle nécessite un nouveau soin particulier, et par cette onction qu'elle reçoit, elle se voit de nouveau toute emplie d'Esprit saint… Si bien qu'elle en déborde et rayonne sur ceux qui l'entourent (but par excellence du chrétien).

Ensuite, si la vocation de tous est d'être baptisé, saint, et de vivre de cet Esprit de Dieu au quotidien, deux états de vie particuliers bénéficient de grâces spéciales. Ce sont les deux sacrements que l'on pourrait qualifier de vocationnels ; d'une part le mariage, et d'autre part l'ordination, par laquelle on devient prêtre. La bénédiction du mariage est un véritable don de Dieu pour que les deux mariés ne « forment plus qu'une seule chair », et puissent témoigner ainsi à travers leur amour de l'amour que lui-même a pour le monde. L'ordination, elle, offre notamment aux prêtres le « pouvoir » de consacrer le pain et le vin en corps et sang du Christ, et celui de transmettre le pardon de Dieu. L'important pour la jeune pousse, c'est donc de trouver la voie qui est la sienne, là où elle va pouvoir pleinement s'épanouir. Au fond, aucune vocation n'est supérieure ou meilleure ! D'ailleurs, les couples ne sont pas les seuls à pouvoir créer de l'amour, créer des liens, être féconds : les personnes célibataires, par leurs amitiés et leurs liens filiaux, contribuent aussi à cette richesse humaine et relationnelle. Par le baptême, on est tous invités à partager la même nature divine. Peu importe que l'on soit appelé à devenir un arbre fruitier ou un bonsaï d'ornement : l'important est d'être heureux dans ce qu'on est. On aura toujours du prix aux yeux de Dieu.

Enfin, les deux derniers sacrements sont ceux de guérison : le sacrement des malades et celui du pardon. Ils portaient autrefois deux noms différents, respectivement : l'extrême-onction et la confession.

Le sacrement du pardon, aussi appelé « réconciliation », permet à notre belle plante de se décharger de ce qui est mauvais, de laver ses racines lorsqu'elles ont été polluées, et ainsi de retrouver sa légèreté pour continuer de pleinement pouvoir se développer. Le sacrement des malades, quant à lui, vise à réparer les branches abîmées par le temps ou la maladie. Il ne guérit pas toujours physiologiquement la personne qui le reçoit, mais lui offre chaque fois les moyens d'avancer vers un peu plus de Dieu et de paix, malgré les difficultés qu'elle a à traverser.

Sans doute qu'aucun de ces sept sacrements n'est « absolument » vital. Ils représentent en fait différentes grâces, de vrais dons que Dieu nous offre pour nous aider à cheminer vers toujours plus de lui, dans les moments décisifs de nos vies. Des sortes de coups de pouce divins, des outils qu'il nous a légués pour nous aider à être toujours mieux remplis de son Esprit saint. Ce ne sont pas eux qui font notre foi, mais assurément ils l'aident à se développer, à laisser s'épanouir en chacun toute la promesse que Dieu a placée, à nous sentir purifiés et ainsi rayonner. Ils ne suffisent peut-être pas à faire naître la confiance, mais ils en prennent soin sûrement mieux que tout autre moyen.

Au fond, se mettre humblement en route pour essayer d'être un peu mieux disciple de Dieu dans sa vie pratique, c'est simplement viser un cercle vertueux, où l'on reconnaît qu'on a tout à gagner à entretenir et faire croître cette petite graine de foi que chacun porte. Car celui qui a confiance en Dieu a confiance en son amour, et celui qui se sait aimé (par Dieu) cherchera alors à mettre toute sa vie au service de cet Amour. En aimant les autres, il veillera à leur bonheur, et en voyant les autres heureux autour de lui, il sera d'autant plus heureux et confiant à son tour. Finalement, la foi est une logique existentielle, bénie, qu'on pourrait presque résumer ainsi : la confiance, c'est l'amour, l'amour, c'est le bonheur, et le bonheur, c'est les autres.

Chapitre 12

Le bonheur, c'est les autres ?

Reconnaissons-le, la quête du sens de la vie n'est pas toujours évidente et peut aussi souvent paraître éprouvante – on se rappelle les nuits d'insomnie, allongé dans son lit, à se demander « à quoi rime tout ça » ! Tout le monde n'osera pas forcément creuser longtemps ces questionnements, et il n'y a là rien de blâmable ; on n'a pas forcément constamment le temps, les moyens ni l'énergie de se lancer dans pareille quête. Mais pour ceux qui s'y risqueront, malgré le flot de la vie et de ses contraintes, au-delà des bonheurs en kit et des compromis un peu fades, contre la tentation des solutions toutes faites et des facilités qui atrophient cette aventure aussi riche que complexe, la récompense sera toujours grande… Non pas qu'ils décrocheront un prestige quelconque, ni qu'un grand prix les attend à terme : mais c'est bien le parcours même dans lequel ils se seront lancés qui leur permettra de grandir et de sans cesse mieux apprécier le bonheur auquel ils sont appelés, et qui leur est déjà donné.

L'enjeu n'est pas la fin, mais le chemin.

Il existe des réponses un peu toutes prêtes à la question du sens : « On est là pour perpétuer l'espèce », « pour se soumettre à la volonté de Dieu », « pour réussir dans la vie », « pour participer au progrès ». Mais ne sont-elles pas souvent creuses, insuffisantes ? Tous ceux qui les contourneront, qui refuseront de s'en tenir là, pourront espérer trouver dans leur quête une sérénité bien plus satisfaisante, une réponse à la perfection sans pareille… Laquelle ? Eh bien toujours le même, ce verbe, cet acte qui nous caractérise tant et nous assure de ne jamais sombrer :

Aimer.

L'amour… Ou plutôt l'amour en acte : aimer. Non pas ce sentiment qu'on attend parfois passivement, mais bien cette discipline de chaque instant : aimer ce que l'on vit, avec qui on le vit, et faire le choix d'aimer constamment, toujours plus, toujours mieux… Aimer pour aimer, kiffer, aimer pour pardonner, aimer pour se sentir aimé, aimer pour et aimer malgré, aimer avec et aimer en l'absence de…

Voilà bien ce que révèle petit à petit en nous la foi, cette puissance que Dieu nous offre. La vie ne trouve au fond son sens qu'à travers les autres et l'amour qu'on partage avec eux. Aucun d'entre nous n'est capable de vivre épanoui en ermite durant une existence entière ! Cela ne passe pas forcément par un couple ou une famille, chacun est libre de trouver ses propres manières d'aimer. Qui que l'on soit et quoi que l'on fasse, il n'y a au fond pas une façon unique d'être heureux, sinon d'aimer. Et c'est à chacun de donner au bonheur la couleur de sa propre sensibilité.

Dans « bonheur », on entend « bonne heure » : l'idée alors n'est-elle pas de savoir accueillir le moment précis, celui que l'on vit, de le reconnaître comme bon ? Ne suffirait-il pas d'apprécier ce qui est donné, l'admettre pour ce qu'il est : le socle de notre bonheur ? Voilà alors peut-être notre meilleur cheminement vers la joie, la vraie : avoir foi en l'instant présent, accepter qu'il est pour nous « présent », et reconnaître en lui ce qui peut nous conduire vers quelque chose de toujours meilleur.

Bien sûr, il y aura des creux, des descentes, des inconnues, et des appréhensions : on ne peut pas tout accepter et on ne peut pas tout savoir… Parfois, on n'est pas toujours fier ou content de là d'où l'on vient, de ce qu'on a pu vivre et faire. Mais si l'on est capable d'oser avoir confiance, malgré tout, en soi-même, en les autres, en ce qu'on vit et en ce qu'on fait, on sera alors infiniment à même d'accueillir le présent pour ce qu'il est : un réel « présent », un don. L'incertitude existe, mais il s'agit de la dépasser, d'en faire une hâte de voir ce que l'avenir a de meilleur à nous offrir… Là où le doute immobilise, la confiance, elle, nous mobilise. Elle nous donne l'énergie, l'envie, la force d'aller de l'avant, et de tout mettre en œuvre pour que le futur soit grand.

Faire confiance ne signifie pas non plus être dans le déni ou s'aveugler, bien au contraire. La confiance vraie est lucide et éclairée ; pour atteindre cette quiétude qu'elle nous promet, il convient de reconnaître ses faiblesses, ses fragilités. C'est seulement lorsqu'on cesse de vouloir cacher ses cicatrices que l'on peut enfin se rendre compte qu'on a besoin d'aide, et qu'on désire malgré tout avancer.

Admettre alors qu'au fond on a toujours besoin d'être sauvé.

Pour pouvoir vraiment accueillir celui qui peut tant nous transformer, n'est-ce pas la clé ? Reconnaître nos vulnérabilités nous permet aussi de moins juger, de faire la lumière sur ce que l'on est, sur ce que les autres ont aussi à traverser, et ainsi de pouvoir avec eux toujours mieux partager. En essayant de vivre ce travail d'humilité et de discernement auquel la foi nous appelle, on est peu à peu enfin en mesure de faire la paix, autant avec soi-même qu'avec le monde entier ! Si je sais qui je suis, dans le bon comme dans le mauvais, alors je ne pourrai plus injustement reprocher à autrui d'être la cause de mon malheur. Je serai au clair, saurai faire la part des choses au quotidien, et bien mieux comprendre – ou accepter de ne pas comprendre – pourquoi les autres agissent comme ils le font. Souvent, ce n'est pas par malveillance qu'ils nous heurtent, mais parce que eux-mêmes (comme nous) manquent peut-être juste de clarté. Nous avons tous des besoins, des attentes, et par confusion, par méconnaissance, nous les contredisons, les empêchons, les sabotons. Voilà ce qui constamment fait notre malheur, ce qui ronge nos cœurs, et corrompt la vie des autres aussi : nos attentes non pourvues, ce manque du bien qu'on espérerait et qui n'est pas honoré ; c'est ça qui nous consume de l'intérieur, suscite en nous jugement, colère, récrimination, et bien trop souvent déception…

Cela dit, si ce sont bel et bien nos attentes qui sont à la source de nombre de nos malheurs, elles ne sont pas illégitimes pour autant. Il est on ne peut plus normal d'en avoir, elles sont humaines. On en aura toujours, et même aussi, ce sont sans doute elles qui nous motivent à agir. L'enjeu est peut-être alors simplement qu'elles soient ajustées, qu'elles ne soient pas déconnectées de la réalité et qu'elles ne répondent pas à des idéaux de justice, de beauté, ou de moralité infondés. Autrement on se condamne à sans cesse souffrir ! Le seul idéal vrai, le seul absolu légitime qui puisse réellement nous faire du bien, le seul que l'on est fait pour poursuivre, c'est l'amour, et donc la quête de son propre bonheur autant que celui d'autrui. Voilà l'essence même de notre présence sur Terre, de ce que Dieu veut, nous conseille et nous aide sans cesse à réaliser. Mettre notre quête d'absolu au service du bonheur vrai, plein et entier, et donc de la personne en face de nous. Au fond, la seule attente réellement bienfaisante pour nous comme pour ceux qui nous entourent, c'est d'espérer notre bonheur, certes, mais celui de l'autre avant tout.

L'idée, c'est de faire de notre soif d'absolu non pas la condition de notre relation à l'autre, mais un outil de relation avec lui. Plutôt que d'attendre de lui qu'il réponde à nos attentes, on a tout à gagner à être préoccupé par les siennes, à être le révélateur de son Bien, à trouver des façons de le rendre heureux et à mettre notre regard et notre lucidité au service de son épanouissement. Devenir, en somme, les « photographes de Dieu », littéralement ceux qui « écrivent la lumière » dégagée par les autres, ceux qui savent la reconnaître et la mettre en valeur, plus qu'ils ne se laissent aveugler par les ténèbres et leurs propres malheurs. En nous entraînant ainsi à contrer le discours pessimiste ambiant des médias et d'un quotidien souvent cynique, en nous concentrant sur le bon, le bien, le vrai de la vie des personnes qui nous entourent, on en vient à discerner petit à petit la beauté de tout ce que Dieu nous promet, et met à notre portée.

Il n'y a au fond rien de tel pour être heureux que le bonheur de l'autre. Nous ne pourrons jamais être tout à fait comblés si ceux qui sont à nos côtés ne le sont pas. C'est très égoïste, certes, mais quitte à l'être, autant l'être pleinement et reconnaître qu'il n'y a qu'en faisant aux autres ce qu'on aimerait qu'ils nous fassent, qu'on pourra un jour, ensemble, pleinement jouir de ce paradis qui nous est promis. Toute démarche de recherche du bonheur est peut-être, en fait, teintée d'égoïsme autant que d'altruisme… Faire du bien aux autres, c'est se faire du bien à soi aussi ; car lorsqu'on partage des biens immatériels, on ne s'appauvrit jamais, on y gagne tous. Comme disait Georges Bernanos, il n'y a que l'amour qui se multiplie lorsqu'on le partage !

Bien sûr, ce n'est pas toujours évident. On peut avoir des réticences légitimes à se préoccuper de l'autre, avant tout lorsqu'on est soi-même triste, abîmé, tourmenté. Ce n'est jamais évident de faire le choix d'aimer si l'on a les signaux brouillés, si l'on en veut un peu à tout le monde, pour tout et rien à la fois, ou si l'on ne blâme que des causes extérieures pour nos propres malheurs.

Pour aimer, il faut reconnaître que tout ce qui nous est donné à vivre est potentiellement, originellement en tout cas, aimable.

« Tout est grâce. »

Cela ne veut pas dire que tout dans nos vies est bon, mais que tout a été créé bon au départ, et que dans l'absolu tout peut l'être à nouveau. Ne jamais cesser de chercher à trouver le beau, le bien, le vrai à l'origine de ce qui nous entoure, voilà l'enjeu. Il y a du mal, bien sûr, mais rien ne l'est par essence, en soi et pour toujours ; le mauvais qui nous entoure est loin d'être toujours acceptable, mais, comme on l'a vu, il est une sorte de contrepartie inhérente à notre liberté, celle-là même qui donne à notre chemin vers l'autre, vers Dieu, toute sa valeur, et qui peut pleinement nous conduire au bonheur. Nos failles, il nous faut bien entendu les maîtriser, mais peut-être aussi réussir à ne pas forcément toujours les détester. Non pas s'y résigner – en christianisme, il n'y a jamais de fatalité –, mais simplement accepter qu'elles fassent partie de nos vies et, surtout, avoir confiance dans le fait qu'à terme elles pourront toujours cicatriser. Dire « tout est grâce », ce n'est pas être naïf et fermer les yeux sur le mal qui existe, mais simplement se tenir sans cesse prêt pour le meilleur qui peut arriver. C'est croire, avoir confiance, que chacun peut être touché par la grâce, se repentir, se convertir, et ne jamais oublier non plus que la temporalité de Dieu n'est pas celle des hommes. Il n'y a au fond qu'en affirmant son espérance qu'on effleure déjà le bonheur auquel on est tous appelés.

Si l'on reconnaît que notre seul et unique but ici-bas est d'avoir confiance pour aimer, alors il nous faut aussi accepter de ne pas tout comprendre. Il y a des choses qui nous échappent, et si certaines de nos joies peuvent se construire sans qu'on soit vraiment capable de les rationaliser, accueillir cette part d'ignorance constitue peut-être déjà une vraie clé pour jouir toujours mieux du bonheur plein et entier que nous sommes tous invités à partager. Recevoir humblement et en confiance ce qui nous est donné pour ce que c'est…

Une seule voie à suivre finalement, la même, sans cesse et tout le temps : chercher à aimer. Comme si la vie était en fait non pas une compétition mais un jeu, un jeu dont la seule et unique règle serait l'amour, et dont Dieu serait autant le maître et le créateur, que la source de la joie qui s'en dégage. Dans un jeu, et non une compétition, il n'y a pas de « vainqueur », c'est le fait de jouer lui-même qui est « l'enjeu », ce dont il faut profiter ; on n'est pas là pour gagner autre chose que la joie du moment qu'on passe ensemble. L'unique objectif est peut-être ainsi d'oser juste s'abandonner au jeu, faire confiance, et trouver dans le sourire des autres le reflet et l'origine de sa propre gaîté.

Accueillir donc avec foi le présent comme un « présent », un don ; trouver son bonheur dans l'heure bonne qui nous est donnée ; cueillir le jour, confiant que même si l'on ne sait pas tout, tout, au fond, est bon ; et essayer d'aimer… C'est sûrement ça qui donne sens à nos existences.

Bien sûr, certains réussiront à en vivre, en apparence sans trop se poser de questions métaphysiques. Et sans doute est-ce une grâce… Pour d'autres, ce bonheur ne saura être identifié, compris et vécu qu'après un long chemin de questionnements, d'introspection et de conversions. Chacun sa voie, au fond. Mais si celle de la quête paraît souvent plus âpre, lente et exigeante, ne faut-il pas lui reconnaître aussi plus de prix ? N'y a-t-il pas plus de beauté à vivre dans un bonheur que l'on a cherché, construit, pour soi et pour les autres, plutôt que de simplement se trouver dedans, sans en être véritablement conscient, sans mesurer pleinement tout ce qui est donné ? Ne sera-t-il pas toujours plus éclairant et nourrissant de goûter cette joie après avoir exploré en toute clarté ce que signifie vraiment l'existence, aimer et faire confiance ? Reconnaître le trésor qu'on a pour le trésor que c'est, c'est sans nul doute s'offrir la possibilité de mieux en profiter…

Jouir sans savoir, profiter sans chercher procure peut-être le même bonheur, mais jamais la même saveur.

Contrairement donc à ce que suggère la douce illusion dans laquelle nous berce notre époque, certainement y a-t-il encore du sens à mener cette quête, à rechercher celui qui peut tout pour nous, et à oser croire, « avoir confiance », en sa bienveillante présence à nos côtés. Assurément même, c'est ce qui peut le mieux transformer nos réalités…

Et, peut-être bien que ça ne nous rendra ni plus riches, ni plus malins, ni plus puissants, mais n'est-ce pas, dans tous les cas, « la voie » qui forcément nous offrira d'en ressortir toujours plus grands ?

Alors oui, il pourrait sembler que : croire ne sert à rien, et pourtant, ça change tellement tout !

*

Pour continuer d'en découvrir sans cesse plus,
et réussir à toujours mieux vivre
ce qui nous est donné :
« PARLONS PEU, PARLONS DIEU. »
sur YouTube : père matthieu

Table

1. Pour quoi ? ... 7
2. Des contes pour enfants ? ... 23
3. Pourquoi certains ont la foi ? ... 39
4. Dieu, c'est-à-dire ? ... 53
5. Qui est le Dieu des chrétiens ? ... 79
6. Une Église vraiment sainte ? ... 105
7. Pourquoi le mal ? ... 141
8. Qu'est-ce que la mort ? ... 169
9. Une histoire d'amour ? ... 193
10. Une morale ? ... 209
11. En pratique, la foi, ça donne quoi ? ... 241
12. Le bonheur, c'est les autres ? ... 265

Cet ouvrage a été mis en pages par

<pixellence>

Imprimé en France par CPI
en janvier 2023

Dépôt légal : septembre 2022
N° d'édition : 597650-2
N° d'impression : 173657